Go Vista
City Guide

Antwerpen Brügge · Gent

von Petra Sparrer

Petra Sparrer ist Romanistin, hat in Stuttgart-Hohenheim Journalistik studiert und begann sich für Belgien zu begeistern, als sie 1992 im Auslandsstudio des ZDF in Brüssel hospitierte. Seitdem besucht sie das Land regelmäßig. Sie arbeitet als freie Journalistin, Reisebuchautorin, Lektorin und Projektmanagerin sowie als Übersetzerin aus dem Französischen und Englischen im eigenen Redaktionsbüro in Köln. Ihr erster Brüssel-Reiseführer erschien 2006, im Vista Point Verlag veröffentlichte sie den City Guide Brüssel.

www.vistapoint.de

Erleben & Genießen

Chronik

Service von A–Z und Sprachführer

Zeichenerklärung

Top 10
Das sollte man gesehen haben

Mein Flandern
Lieblingsplätze der Autorin

Vista Point
Museen, Galerien, Architektur und andere Sehenswürdigkeiten

Kartensymbol: Verweist auf das entsprechende Planquadrat der ausfaltbaren Karte bzw. der Detailpläne im Buch.

Willkommen in den flämischen Kunststädten

Kunstliebhaber schwärmen vom Genter Altar und den alten flämischen Meistern des 15. Jahrhunderts, aber Antwerpen, Brügge und Gent haben noch viel mehr zu bieten, vor allem aber ergänzen sie sich wunderbar. Ihren mittelalterlichen Reichtum an Architektur und Kunstschätzen verdanken die traditionell wenig industrialisierten Städte den bedeutenden Wasserwegen und dem Handel mit Tuch, Spitze und Tapisserien.

Das weltoffene mondäne Antwerpen, Mode-Mekka, Gay City und Zentrum des weltweiten Diamantenhandels, hat sich seine familiäre Atmosphäre bewahrt. Neben italienisch-barockem Lebensgefühl aus der Zeit Peter Paul Rubens, der die Kirchen- und Museumslandschaft geprägt hat, herrscht Aufbruchstimmung in ein neues Zeitalter der modernen Industriekultur im Hafenviertel, dem »Place to be« der Scheldestadt.

Brügge begeistert durch seine gotisch-mittelalterliche Altstadt, wo sich abends im Schein der Laternen Häuser, Kirchen und Türme märchenhaft im Wasser der Grachten spiegeln. Hier

Grote Markt mit seinen prächtigen Giebelhäusern in Brügge

ist alles bequem zu Fuß zu erkunden und Stress ein Fremdwort, nur eines ist angesagt – Genießen, beispielsweise Palinen, deren Geschäfte hier noch dichter gesät sind.

In Belgiens größter Studentenstadt Gent herrscht ein ausgeprägtes Nightlife, nicht zuletzt bei den *Gentse Feesten* im Juli ist die feierlustige Stadt bis spät in die Nacht auf den Beinen. Im Winter fasziniert ein Lichterfest mit Installationen internationaler Lichtdesigner nach dem Vorbild des französischen Lyon, im Zentrum bezaubert ganzjährig eine dezent-romantische abendliche Beleuchtung. Unweit der St.-Baafskathedraal mit dem Genter Altar entsteht bis 2012 eine moderne Markthalle, es folgen die Renovierung von Botermarkt und Belfortstraat bis 2014. Die Ufer Graslei, Kranlei und Korenlei laden zum Sitzen und Schlemmen ein. Mein Tipp: Unbedingt in die Feinkostgeschäfte schauen und vielleicht auch einen Genever auf Gent trinken – Wohl bekomm's!

Top 10: Das sollte man gesehen haben

1 Diamantenviertel Antwerpen
S. 10 f., 18 ➡ E5
Vom Bahnhof Centraal aus unbedingt einen Abstecher in die Hovenierstraat machen, das Herz des Diamantenviertels.

2 Onze-Lieve-Vrouwekathedraal Antwerpen
S. 13, 19 ➡ E4
Die Kathedrale der Scheldestadt ist gotisches Gotteshaus und Kunsttempel zugleich. Zu ihren Kunstschätzen zählen die »Kreuzaufrichtung« und »Kreuzabnahme« von Rubens.

3 MAS Antwerpen
S. 18 f., 68 ➡ C4
Das Museum aan de Stroom im Hafenviertel von Antwerpen ist mit seinem innovativen Konzept und einer Sammlung verschiedener Museen neuer Publikumsmagnet. Das Dach bietet einen Rundblick über Stadt und Hafen.

4 Belfort und Marktplatz Brügge
S. 22 f., 29 ➡ aD3
Ein toller Blick auf den Marktplatz belohnt für die Mühen des Aufstiegs auf den Belfried über eine lange, sehr enge Wendeltreppe.

5 Burgplatz Brügge
S. 23 f. ➡ aD3
Dicht an dicht reihen sich hier Brügges Top-Sehenswürdigkeiten wie das gotische Rathaus und die Heiligblut-Basilika.

6 Rozenhoedkaai Brügge
S. 24, 26 ➡ aD3
Beste Fotoperspektive und einer der romantischsten Orte der Stadt, lädt besonders bei Nacht zum Träumen ein.

7 Begijnhof und Minnewaterpark Brügge
S. 25, 29, 71 ➡ aE/aF3
Schwäne schwimmen im Minnewater. Romantischer kann ein Beginenhof nicht liegen. Ostern blühen die Narzissen, und die Idylle im Grünen wird noch fotogener.

8 Graslei und Korenlei Gent
S. 34 f., 53 ➡ bB/bC2
Von beiden Seiten spiegeln sich die Fassaden der Zunfthäuser im

Wasser der Leie. Die Terrassencafés und die Ufer laden zum Sitzen, Sonnen und Schauen ein.

9 St.-Baafskathedraal Gent
S. 36 f., 43 ➡ bC2
Gents Kathedrale birgt eines der berühmtesten Kunstwerke der Welt, den Genter Altar mit der »Anbetung des Lamm Gottes« der Brüder Jan und Hubert van Eyck.

10 STAM Gent
S. 38, 42 f., 68 ➡ bD1

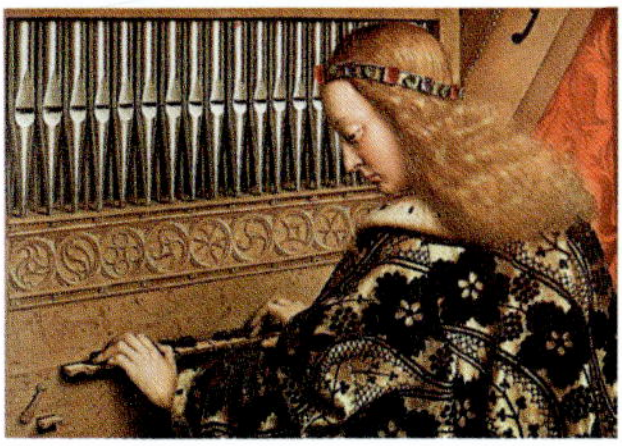

Ein schöner Spaziergang entlang der Leie führt zu Gents neuem Stadtmuseum in den Gebäuden einer alten Zisterzienserabtei im Bijlokekwartier.

Mein Flandern
Lieblingsplätze der Autorin

Liebe Leser,

dies sind einige besondere Orte in Antwerpen, Brügge und Gent, an die ich immer wieder gern zurückkehre. Eine schöne Zeit in den flämischen Kunststädten wünscht Ihnen

Petra Sparrer

Paleis op de Meir und Café Horta
S. 11, 52, 68 ➡ E4
The Chocolate Line im einstigen Napoleonpalast in Antwerpen verführt mit Pralinen und Schoko-Kreationen von Dominque Persoone. Ein paar Schritte hinter dem Rubenshaus lädt das großzügige Jugendstilcafé Horta zum Verweilen ein.

Groeningemuseum Brügge
S. 24, 26, 30 ➡ aD1
Neben berühmten Gemälden von Jan van Eyck und Hieronymos Bosch faszinieren Werke unbekannterer und anonymer flämischer Altmeister.

Vrijdagmarkt Gent
S. 32, 56 ➡ bB2
Von der Terrasse des Café Boho die Häuser und das Leben auf dem schönen Platz beobachten. Freitags vormittags ist Markt. Am Abend die romantisch-dezente Beleuchtung genießen. In der Kneipe Dulle Griet ein Kwak bestellen, sich die Schuhe an die Decke hängen lassen und sich zu späterer Stunde hinter St.-Jakob ins Nachtleben stürzen.

Julie's House Gent
S. 34, 52 ➡ bB2
Bei Julie's hausgebackenen Bilderbuch-Törtchen an der Kranlei in Gent wird wahrscheinlich jeder schwach.

Antwerpens Zuid
S. 49, 53, 54 ➡ F3/4
Das nette Fischrestaurant Fiskebar ist ein guter kulinarischer Auftakt, um anschließend die Bars in Antwerpens Zuid zu entdecken, allen voran das Café Hopper.

Ein Rundgang durch Antwerpen

Vormittag
Station Centraal – Diamantenviertel – Paleis op de Meir – Rubenshuis – Bourlaschouwburg – Museum Mayer van den Bergh – Onze-Lieve-Vrouwekathedraal.

Mittag
Mittagessen am Groenplaats, am Grote Markt oder im Café Horta, Hopland 2
✆ (03) 203 56 60, www.grandcafehorta.be.

Nachmittag
Vlaeyskensgang – De Zwarte Panter – Het Steen – Vleeshuis – St.-Pauluskerk – St.-Carolus-Borromeuskerk – Rockoxhuis – St.-Jakobskerk.

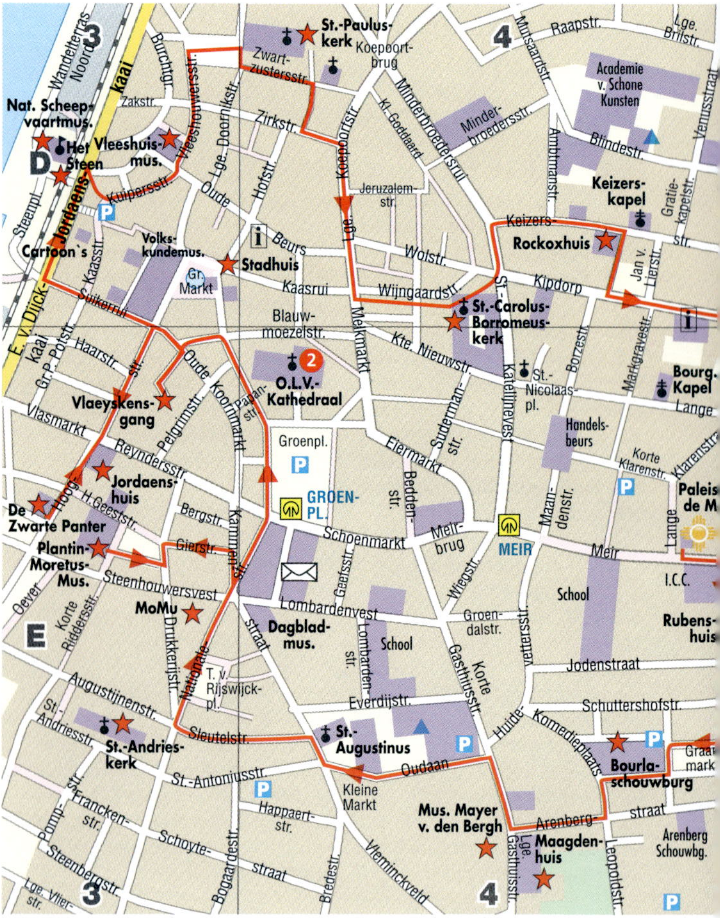

Antwerpens Station Centraal gilt als einer der schönsten Bahnhöfe weltweit

Im Diamantenviertels lassen sich Diamantenschleifer bei der Arbeit zusehen

»Eisenbahnkathedrale« nennen die Antwerpener ihre 1905 eingeweihte **Station Centraal** ➡ E5. Das Glasdach und den prunkvollen Bau im modischen Stilgemisch der Zeit schuf der Brügger Architekt Louis Delacenserie. Hier beginnt der Rundgang. Der Zoo, das Diamantenviertel sowie das Pagodentor am Eingang zu Chinatown gehören zu den Attraktionen rund um den Bahnhofsplatz. Wenige Schritte vom Bahnhof liegt das zur Qualität von Diamanten und zu allen Fragen rund um den Diamantenhandel aufschlussreiche **Diamantenmuseum**. Herz des **1 Diamantenviertels** ➡ E5 ist die 200 Meter lange, von Plattenbauten gesäumte Hovenierstraat Das **Diamondland** wiederum ist der einzige Showroom mitten in dem optisch eher grau und funktional als glänzend wirkenden Viertel. Hier stellen renommierte Juweliere ihren Schmuck aus, und Besucher haben Gelegenheit, Schleifern bei der Arbeit zuzusehen und mit Experten zu sprechen, die sich mit Zertifikaten und neuen Schliffen auskennen. Vor Angeboten mit bis zu 50 Prozent Rabatt ist Vorsicht geboten.

»Diamonds are a girls best friends«

Der Antwerpener Schliff zählt zu den besten und teuersten der Welt. Das Know-how stammt aus 500 Jahren Schleifertradition an der Schelde, wenn auch das Gros der Diamanten heute preiswert in Pakistan, China und Indien geschliffen wird. An Antwerpens vier Diamantenbörsen (von 30 weltweit) handeln Broker 80 Prozent aller Rohdiamanten. Oft kommt ein und derselbe Diamant später in geschliffener Form noch einmal nach Antwerpen zurück.

Kameras, wohin man blickt, gewährleisten die Sicherheit in dieser kleinen verkehrsberuhigten Welt, jeder kennt jeden, fahren und parken dürfen hier nur die LKWs der von Banken und Versicherungen kontrollierten Transportunternehmen. Auch Rosy Blue, ein Diamantengroßhandel mit Tausenden von Mitarbeitern in 16 Ländern, hat hier seinen Sitz. Orthodox gekleidete Juden tragen in Aktentaschen Diamanten zu potenziellen Kunden. Neben ihnen haben die Inder heute den größten Marktanteil im Diamantengeschäft.

Kontrollinstanz für rund 1900 Diamantenhändler und -schleifer auf nur rund einem Quadratkilometer Fläche ist der Hohe Diamantenrat. Seit er die Kimberley-Zertifikate einführte, sank der Anteil der sogenannten Blutdiamanten aus Konfliktstaaten auf ein Prozent. Zwei Jahre arbeiten die Diamantenhändler an den Börsen auf Probe. Lassen sie sich etwas zu Schulden kommen, ist ihr Ruf für immer ruiniert. Ein Fauxpas wird über das Internet in Sekundenschnelle in der Branche verbreitet. Es folgt der Ausschluss aus allen Börsen der Welt. Dennoch ist das schillernde Geschäft nicht leicht kontrollierbar.

Rubenshuis: Ausstellungsraum im Antwerpener Atelier des Malers Peter Paul Rubens

Und ganz generell gilt: Wer kaufen möchte, sollte sich Zeit lassen und sich ausgiebig und in Ruhe bei verschiedenen Juwelieren umschauen. Nicht alle Goldschmiede und Designer der Stadt haben ihre Geschäfte im Diamantenviertel.

Vorbei an den Straßencafés der De Keyserlei geht es bis zum **Teniersplaats** ➡ E5. David II. Teniers (1610–90) steht hier als Skulptur verewigt. Er zählte im 17. Jh. zu den bekanntesten Malern der Stadt und stammte aus einer flämischen Malerfamilie. An den Platz schließt sich die lebhafte Fußgängerzone Meir an. Zu ihren Highlights zählt die prunkvoll restaurierte Einkaufspassage **Stadsfeestzaal** ➡ E4/5. Alexis van Mechelen entwarf den neoklassizistischen Bau 1908, im Jahr 2000 brannte er ab und wurde 2007 als luxuriöses Shoppingparadies wiedereröffnet.

Ein paar Schritte vorbei an der Wapper lockt der **Paleis op de Meir** ➡ E4 (Führung Mo–Fr 15 Uhr, € 8) mit dem verführerischen Pralinengeschäft **The Chocolate Line** des Schoko-Shooting-Stars Dominque Persoone sowie einem gehobenen Restaurant und fürstlichen Räumen. Architekt Jan Pieter van Baurscheidt errichtete den Palast 1745 und griff zu französischen, wienerischen und nordniederländischen Stilelementen. Napoleon ließ ihn sich 1811/12 im Empirestil einrichten. Später beherbergte der Palast Staatsgäste der belgischen Könige. Erst Leopold II. ließ den Spiegelsaal bauen.

Linker Hand an der Wapper, vorbei an Brunnen, Cafés und Brasserien, steht das vom italienischen Barockstil inspirierte **Rubenshuis** ➡ E4, seit 1611 Wohnhaus und Atelier des gut situierten Malers Peter Paul Rubens (1577–1640). Er sammelte mit der humanistischen Passion seiner Epoche Werke von Künstlern, die er bewunderte, Kabinettschränke, Skulpturen, Bücher und Pflanzen. Ob das Porträt seiner Großmutter als Mädchen, das Himmelbett oder der Rubensstuhl, den er sich fertigen ließ, als er 1633 Ehrenvorsitzender der Antwerpener Malergilde St.-Lukas wurde – alles hier zeugt von Einfluss und Reichtum.

In der einst hochproduktiven Werkstatt des Hofmalers von Erzherzog Albrecht und Erzherzogin Isabella und emsigen Auftragsmalers mit zahlreichen Kontakten, hängen großformatigere, monumentalere Werke als im Wohnhaus.

Je nach Auftraggeber ließ Rubens zahlreiche Mitarbeiter für sich arbeiten und sorgte nur noch eigenhändig für den letzten Schliff des Gemäldes. So verstärkte er auf dem Ölgemälde »Das St. Martinsfest« das Weiß über den Augen, um den Figuren einen eindringlicheren Blick zu verleihen. Eine Bäuerin verwandelte er in eine feine Städterin, indem er ihre Schürze mit einem Seidenrock übermalte. Das Gemälde »Die Verkündigung« wiederum ist ein Beispiel für den Einfluss der klaren leuchtenden Farben des dynamischen italienischen Barock. Den blauen Mantel der Maria malte Rubens mit dem kostbaren Ultramarinblau aus fein gemahlenem Lapislazuli. Aus der Zeit vor der Italienreise stammt das im Vergleich statisch genaue Bild »Adam und Eva« in kühlem Grün und Blau, beeinflusst von Otto van Veen, seinem wichtigsten Lehrmeister.

Nächste Station des Rundgangs ist die **Bourlaschouwburg** ➡ E4 am Komedieplaats. Das klassizistische Theater des Architekten Pierre Bourla von 1834 ist heute die Spielstätte des Toneelhuis (flämisches Theater), und nicht nur Theatergänger kehren gern in seine beliebte Brasserie De Foyer ein. Durch die Arenbergstraat geht es weiter zum **Museum Mayer van den Bergh** ➡ E4. Im Vergleich zum Rubenshaus ist dieses Museum original möbliert. Die Besitzerin Henriette Mayer van den Bergh errichtete das Haus eigens für die wertvolle Kunstsammlung ihres 1901 bei einem Reitunfall mit 43 Jahren verstorbenen Sohns Fritz. Sie war die Tochter eines reichen Antwerpener Brauers, Likörbrenners, Schiffsmaklers und Senators, ihr Sohn ein besessener Kunstsammler. Gemälde von Cornelis Vos, Rogier van der Weyden, Stillleben, Porträts, Retablen, aber auch die gotischen Glasfenster sind bewundernswert.

Vor allem aber besitzt das Museum einige Werke von Pieter Brueghel d. Ä. Das berühmte »Dulle Griet«, ein mysteriöses Höllenszenario nach überlieferten flämischen Possen um eine Hexe, ersteigerte der Sammler 1894 in Köln für nur 500 belgische Franc, während das Museum für Schöne Künste im selben Jahr für Brueghels »Verlorenen Sohn« 45 000 bezahlte.

Aufmerksam lesen sollte man die »Zwölf Sprüche auf Tellern«. Denn so erschließt sich die humorvolle Seite des tiefgründigen und in seiner

Endzeitszenario: das Gemälde »Dulle Griet« (um 1562) von Pieter Brueghel d. Ä. im Museum Mayer van den Bergh

Das beflaggte Renaissance-Stadhuis mit Brabo-Brunnen (Antwerpen)

Malerei erzählfreudigen flämischen Altmeisters. Frei nach dem Motto: »Was nützt ein schöner Teller, wenn nichts drauf ist«. Dieser Spruch stammt allerdings aus Brueghels »Die niederländischen Sprichwörter«, das sogar 100 Redewendungen illustriert und in der Berliner Gemäldegalerie (Kunstforum Berlin) hängt. Doch auch die vom Wahnsinn getriebene Grete, die auf dem Bild »Dulle Griet« mit verlorenem Blick einen Degen vor sich trägt, veranschaulicht eine flämische Redensart: »mit dem Degen in der Faust zur Hölle fahren«.

Wer eher auf Mode steht, kommt im **MoMu** ➡ E3, dem Modemuseum in der Nationalestraat auf seine Kosten. In dieser Straße haben renommierte Modedesigner wie Dries van Nooten ihre Flaggshipstores. Wer sich für Druckkunst interessiert, macht einen Abstecher zum **Plantin-Moretus-Museum** ➡ E3 am Vrijdagmarkt. Die 1555 eröffnete »Oficina Plantinia«, hatte zu besten Zeiten 22 Mitarbeiter. Der Drucker Christoph Plantin kam 1549 aus Paris nach Antwerpen, wo er es bis zum Hofdrucker von Philipp II. brachte. Sein Enkel Balthasar Moretus führte die Druckerei weiter.

Sonst geht es über die Nationalestraat und den lebendigen Groenplaats mit der Statue von Rubens weiter zur **2 Onze-Lieve-Vrouwekathedraal** ➡ E4. Ursprünglich sollte sie zwei Türme bekommen, aber auch mit dem 123 Meter hohen einzig vollendeten ist sie die größte gotische Kirche Belgiens und der Niederlande. Mit der »Kreuzaufrichtung« von 1609/1610 führte Rubens den italienischen Barock in den Niederlanden ein. Neun Henkersknechte setzen auf dem Bild alle ihre Kräfte daran, das Kreuz hochzustemmen – eine expressive ungestüme Darstellung.

1611–14 malte Rubens die »Kreuzabnahme«, ein deutlich ruhigeres Bild, aber dennoch dramatisch und monumental. Das Triptychon »Christi Auferstehung« zeigt das Felsengrab, was für die damalige Zeit revolutionär war, denn Rubens stellte das Grab Christi als Erster nicht als Sarkopharg dar. »Mariä Himmelfahrt« ist das hellste, sanfteste und friedvollste Bild. In der Bibel ist dieses Thema nicht erwähnt und so war es zu seiner Entstehungszeit (1625/26) sehr populär. Seit rund 400 Jahren hängt es über dem Hochaltar der Maria geweihten Kathedrale. Die Glasfenster sind aus dem 15.–17. Jh.

Gegenüber der Kathedrale prägen Rathaus und Brabo-Brunnen den historischen Kern Antwerpens. Das **Stadhuis** ➡ E4, ein Werk des Architekten Cornelis Floris de Vriendt, stammt aus der Renaissance. Die Wappen von Brabant und Philipp II., König von Spanien und den Niederlanden, schmücken die Rathausfassade. Zahlreiche Caféstühle laden zu einer Pause ein, am besten mit Blick auf den Brunnen des Bildhauers Jef Lambeaux und die schmucken Gildehäuser. Nach einer Legende aus dem 15. Jh. hackte die kräftige Brunnenfigur namens Brabo dem Riesen Antigoon, der die Stadt bedrohte, eine Hand ab und warf sie in die Schelde. Aus dieser Geste des Handwerfens leitet sich der Name Antwerpen, »Handwerfen« ab, andere glauben, er kommt von »an de Warft«. Die Hand ist bis heute das Symbol der Stadt und Chocolatiers und Bäcker verkaufen *Antwerpse Handjes* aus Schokolade oder Teig. Im Haus Nr. 4 am Grote Markt wurde 1599 der Maler van Dyck geboren.

Vom Grote Markt kann man sich ein wenig treiben lassen, z.B. durch den **Vlaeyskensgang** ➡ E3, Antwerpens kleinste Straße aus dem 16. Jh., die restaurierte Backsteinhäuser säumen. Geht man weiter zur Hoogstraat bietet sich in Nr. 70–74 an, die Kunstgalerie **De Zwarte Panter** ➡ E3 (Do–So 14–16 Uhr) zu besuchen. In der Kapelle des früheren Krankenhauses St.-Julianus und in einem Haus hinter dem Garten stellt sie die Werke zeitgenössischer Künstler aus.

An der Schelde steht die mittelalterliche Burg **Het Steen** ➡ D3, das älteste Gebäude Antwerpens, das Kaiser Karl V. 1520 renovieren ließ, was aber nicht der letzte Umbau war.

600 Jahre Antwerpener Musikgeschichte erwachen bei Klangproben im **Vleeshuismuseum** ➡ D3 von 1503, dem ehemaligen Haus der Fleischergilde, zu neuem Leben. Die barocke **St.-Pauluskerk** ➡ D4 war einst Teil einer Dominikanerabtei. Einzigartig ist ihr Kalvarienberg von 1709. Mit 60 überlebensgroßen Figuren ist hier die Kreuzigung nachgebildet.

Rubens wirkte auch mit als Maler, Gestalter und Dekorateur in der **St.-Carolus-Borromeuskerk** ➡ D4 am hübschen Hendrik Conscienceplein. Im Jahr 1718 zerstörte ein Brand in dieser Kirche 39 Deckengemälde von Rubens. Einzig das der Marienkapelle blieb erhalten. Der barocke Turm stammt aus der Zeit danach. Die Jesuitenkirche hat vor allem von außen sehr viel italienischen Charme. Rubens gestaltete große Teile der Fassade. Der überschwängliche Prunk und die opulente Dekoration mit Gemälden, Skulpturen und verziertem Holzmobiliar spiegelt das Bestreben der Gegenreformation, den Gläubigen so zu imponieren, dass sie wieder in Scharen in die Kirchen gingen. Die drei Gemälde über dem Hauptaltar können im Rhythmus des liturgischen Jahrs ausgetauscht werden, was faszinierend zu beobachten ist, wenn man die Gelegenheit hat. Der ursprünglich dafür entwickelte Mechanismus funktioniert noch immer. Kunstliebhaber können im Innenraum Gemälde der Antwerpener Maler Rubens, van Dyck und Jordaens bewundern.

Auf den Spuren von Rubens lohnt auch ein Besuch im **Rockoxhuis** ➡ D4. Antwerpens Bürgermeister Nicolaas Rockox war ein Freund und wichtiger Auftraggeber von Peter Paul Rubens. Für die Ständekammer des Rathauses bestellte er bei Rubens das Gemälde »Die Anbetung der Könige«, heute im Prado in Madrid zu sehen. Rockox machte sein Patrizierhaus zu einem Kunsttempel, in dem er seinen Freundeskreis aus Künstlern, Humanisten, Sammlern und Gelehrten empfing. Auftragsarbeiten von Rubens gehören ebenso zur Sammlung wie bedeutende Werke des flämischen Barock sowie Münzen und Porzellan.

Auf den Spuren von Rubens geht es weiter zur **St.-Jacobskerk** ➡ E4, wo der Maler begraben ist. Das Grabgemälde »Madonna umringt von Heiligen« schuf Rubens selbst. Die Marienskulptur aus Marmor darüber stammt von Lucas Faydherbe, einem seiner Lieblingsschüler. Die Kaufleute und Adeligen des Viertels wollten den Turm der Kirche höher bauen als den der Kathedrale, doch letztendlich reichte das Geld nur für 55 Meter.

Streifzüge

Lange schwarze Mäntel, schwarze Hüte und Schläfenlocken sind im Antwerpener jüdischen Viertel kein seltener Anblick

Durch jüdische Wohnstraßen

Ein Bummel lohnt zwischen Pelikaanstraat und Charlottalei, fast unmerklich führen sie übergangslos vom Diamanten- ins **Judenviertel** ➡ E5. Durch die Schupstraat und die Lange Herentalsestraat geht es in die Lange Kievitstraat mit dem jüdischen Schnellrestaurant Hoffy's und einem Laden für Krempenhüte. Im »Joodse Burt« wohnen rund 20 000 Juden, darunter Tausende Chassidim, auf strenge traditionelle Weise. Sie leben unter sich, besuchen ihre eigenen Schulen und feiern ihre Feste. Mädchen und Frauen tragen immer Röcke, meist schwarze. Die Männer fahren im Gehrock mit Hut Fahrrad und haben Schläfenlocken. Das Viertel zieht sich über die Charlottalei und an den Seitenstraßen entlang der Pelikaanstraat (Bahnlinie) fast bis nach Zurenborg. Am Sabbath, samstags, sind alle Läden geschlossen und es strömen noch mehr Gläubige als an anderen Tagen in die 22 Synagogen des Viertels.

Das Jugendstilviertel Zurenborg

Die Eisenbahnlinie (vom Hauptbahnhof zu Fuß bis zur Grote Hondstraat oder Bus 34 bzw. Tram 11) zwischen Tramplein und Draakplein teilt die beliebten Wohnviertel Zurenborg und Berchem. Eine angenehm entspannte Atmosphäre entfaltet sich am Nachmittag und Abend am **Dageraadplaats** ➡ F6, den sympathische Bars und Kneipen sowie alternative Cafés und Brasserien säumen, die preiswerte flämische Küche in reichlichen Portionen servieren.

In den Seitenstraßen des Platzes siedelte sich bereits während des Bevölkerungsbooms Ende des 19. Jh. Antwerpens neue wohlhabende Mittelschicht an. Viele der schmucken weißen Häuser weisen daher Jugendstilelemente auf. Heute leben hier Künstler, Autoren, Werbe- und Geschäftsleute Tür an Tür mit Emigranten aus Marokko, Polen, orthodoxen Juden und vorwiegend jungen Familien.

Im Teil des Viertels jenseits der Bahnlinie, der zu Berchem zählt, werden die Häuser prunkvoller. Die **Cogels Osylei** ➡ G7 und ihre Nebenstraßen sind das Reich der Arrivierten und des Antwerpener Geldadels. Die schönen Verrücktheiten und Extravaganzen des Art Nouveau, der belgischen Variante des Jugendstils vom Anfang des 20. Jh. und eine in Belgien einzigartige Mischung architektonischer Stile lohnen einen Spaziergang mit Kamera, am besten abends, wenn alles in goldenem Licht erstrahlt.

An der Kreuzung von Generaal Van Meerlenstraat und Waterloostraat steht ein imposantes **Jugendstilensemble** ➡ G4 aus vier Häusern

Jugendstilhaus die »Fünf Erdteile« in Zurenborg

des Architekten Joseph Bascourt aus dem Jahr 1899. Jede Fassade repräsentiert eine der vier Jahreszeiten. Er baute insgesamt 25 Häuser der Umgebung, so auch den »Morgenstern« in der Cogels-Osylei 55.

Het Eilandje – Hafenviertel im Aufwind

Nach wundersamem und investitionsreichem Wandel gehört das **Hafenviertel** ➡ C4 zu Antwerpens Top-Spots mit Zukunftspotenzial. Über dem Willemdok, einst verlassen, heute ein moderner Jachthafen mit 250 Liegeplätzen, erhebt sich der zehnstöckige, 60 Meter hohe Turm des ❸ **MAS**. Das Museum aan de Stroom präsentiert Antwerpen höchst modern als Kunst- und Hafenstadt von Welt und bietet eine tolle Aussicht. Zehn versetzt übereinandergestapelte Koffer aus rotem Sandstein aus dem indischen Agra, verziert mit über 3000 Metallornamenten der Antwerpener Hand, machen den innovativen Museumsbau der Rotterdamer Architekten Willem Jan Neutelings und Michiel Riedijk so bestaunenswert. Und ein weiterer Clou, das gewellte italienisches Glas, das gerahmte Fenster ersetzt, kommt besonders von innen richtig zur Geltung. Das Mosaik des Museumsplatzes gestaltete der Antwerpener Maler Luc Tuymans.

In einem Schaudepot blickt man hinter die Kulissen des Museumslagers. 180 000 Exponate von insgesamt 470 000 Objekten im Besitz des MAS sind hier untergebracht. Die Gliederung nach den vier Themen Macht, Weltstadt, Welthafen und Leben und Tod rückt die Exponate in

Gastronomie im alten Pumpenhaus: das »Het Pomphuis« im Hafenviertel

Hafenblick in die Zukunft

Die Hafenverwaltung am Quai 63 bekommt ein futuristisches neues Haus, designt vom Londoner Büro der Architektin Zaha Hadid mit Fenstern in Diamantenform. Schon 2013 sollen rund 500 Mitarbeiter einziehen. Ebenfalls für 2013 ist die Eröffnung des **Museums Red Star Line/ People on the Move** ➡ C4 am Rijnkaai geplant. Einst gehörten die drei denkmalgeschützten Hafenlagerhallen der berühmten Reederei mit dem roten Stern in der Flagge. Thema des Museums wird die Geschichte der Emigration, ähnlich wie auf Ellis Island in New York. Die Red Star Line brachte zwischen 1873 und 1934 über 2 Mio. Passagiere von Antwerpen nach New York: arme Europäer, die in der dritten Klasse reisten, sowie Mitglieder der oberen Zehntausend auf Geschäfts- und Vergnügungsreisen. Ausgestellt werden Exponate aus anderen städtischen Museen und grafisch wertvolle Werbeplakate sowie heute kurios spektakuläre Werbegeschenke der reichen Schifffahrtsgesellschaft. Auch von der Emigrationswelle inspirierte Gemälde und Porträts aus dem Museum des Hafenmalers Eugeen Van Mieghem und anderer Künstler kommen in die neuen Gebäude.

einen globalen, weltumspannenden Zusammenhang. Sie stammen aus dem ethnografischen Museum, dem Nationalen Schifffahrtsmuseum, dem Volkskundemuseum, dem Vleeshuis und vielen weiteren Sammlungen. Während der Renovierung des Koninklijk Museum für Schöne Künste im Antwerpener Zuid sind innerhalb der nächsten vier Jahre auch Ausstellungen mit Werken dieses Museums zu sehen.

Auf dem Eilandje ziehen immer mehr nette Cafés und schicke Restaurants ein ausgehfreudiges Publikum an. Zu den besten Adressen zählt »Het Pomphuis«. Das alte Pumpenhaus mit Terrasse an der Schelde mit seinem frühindustriellen Charme ist ein gastronomisches Symbol der neu ins Leben gerufenen Antwerpener Industriekultur. Im restaurierten Gebäude der ehemaligen Garküche für die Hafenarbeiter wiederum entstand das Restaurant »La Riva« mit Veranstaltungssaal. Im **FelixPakhuis** ➡ C4 dem früher größten Lagerhaus für Tabak in Antwerpen, beginnt manch Stadtbewohner den Tag gern mit einem Frühstück oder Brunch. Andere besuchen den Konzertsaal oder trinken in der Bar oder auf der Terrasse bei Sonnenuntergang über dem Jachthafen ihren Mojito oder Daiquiri. Das Gebäude aus dem 19. Jh. beherbergt nach der Restaurierung auch Antwerpens Stadtarchiv. Quer durch das Ensemble mit 4000 Quadratmetern Nutzfläche führt eine 70 Meter breite gepflasterte Straße, eine Verbindung vom Eilandje in die 10 Minuten Fußweg entfernte Altstadt.

Auf dem Eilandje hat der wegweisende belgische Modeschöpfer Dries van de Nooten sein Atelier. Auch das Königliche Ballett von Flandern wählte hier seinen kreativen Standort mit Büros, Proberäumen und Theatersaal. Alle zwei Jahre feiert das Eilandje das Hafenfest Waterkantfest, 2011 fiel es allerdings aus.

An der Ziehbrücke Londonbrug starten die imposanten Rundfahrten durch den Hafen, der so groß ist wie Paris (14 500 ha), eine industrielle Welt für sich, die sich am besten vom Boot aus entdecken lässt.

Vista Points Antwerpen

Antwerp City Card

Die Karte mit Gratisbroschüre und Stadtplan kostet € 31. Sie gilt für 48 Stunden und bietet freien Eintritt in alle Antwerpener Museen (Dauer- und Sonderausstellungen) und Kirchen inklusive der Liebfrauenkathedrale. Man bekommt 25 % Ermäßigung auf Attraktionen, Sightseeing und Fahrradverleih sowie Rabatte für typische Produkte kooperierender Unternehmen.
Die »Museumnacht« im August bietet freien Eintritt in allen Museen.

Museen, Architektur und andere Sehenswürdigkeiten

1 Diamantenmuseum ➡ E5
Koningin Astridplein 19–23
✆ (03) 202 48 90
www.diamantmuseum.be
Tägl. außer Mi 10–17.30 Uhr, Eintritt € 7,50/5, Kinder bis 12 J. frei
Filmdiven wie Marilyn Monroe und Gloria Swanson liebten die blinkenden »Steinchen«. Das Armband aus dem Film »Sunset Boulevard« und der 24,04 Karat schwere »Moon of Baroda«, den Marilyn Monroe zur Premiere des Films »Blondinen bevorzugt« trug, sind heute Legende.

Das Diamantenmuseum der Provinz Antwerpen (mit sehr gutem Audioguide) zeigt auf drei Stockwerken außergewöhnlichen historischen und zeitgenössischen Schmuck. Besucher lernen Technik und Handel der Diamanten vom 16. Jh. bis heute kennen.

Diamantenmuseum: Man erfährt alles über die Geschichte der Schmucksteine

Maagdenhuis ➡ E4
Lange Gasthuisstraat 33
✆ (03) 338 26 20
Mo–Fr 10–17, Sa/So 13–17 Uhr
Eintritt € 3/2
Das Museum der Geschichte der Waisen zeigt wertvolle Gemälde von Wohltätern sowie Möbel und Alltagsgegenstände in einem ehemaligen Waisenhaus aus dem 16./17. Jh. mit schönem Innenhof.

3 MAS Museum aan de Stroom ➡ C4
Hanzestedenplaats 1
Tram 4, 7, Bus 9, 17, 30
✆ (03) 338 44 00, www.mas.be
Gebäude Di–Fr 9.30–24, Museum Mo–Fr 10–17, Do bis 21, Sa/So 10–18 Uhr
Eintritt € 8/6, Kinder bis 12 J. frei
Das innovative Museumskonzept zeigt auf vier Stockwerken Exponate aus früheren Museen zu den Themen Macht, Weltstadt, Welthafen und Leben und Tod. Die Geschichte von Stadt und Hafen entführt in fremde Welten, z.B. zu einem Stadtschamanen oder in ein afrikanisches Dorf.

Videoprojektionen zum Thema Welthafen, interaktive PCs, ansprechende Szenografie und Wake-up-Räume auf jeder Etage geben Gelegenheit, kreative

MoMu, das Modemuseum in der Nationalestraat

»Spuren« zu hinterlassen. Panoramablick vom 10. Stock und kulinarischer Genuss im Zweisternerestaurant **'t Zilte** von Viki Geunes.

MoMu im ModeNatie ➡ E3
Nationalestraat 28/1
✆ (03) 470 27 70
www.modenatie.com
www.momu.be
Tägl. außer Mo 10–18 Uhr
ModeNatie heißt das nach Entwürfen der Architektin Marie-José Van Hee umgebaute Haus aus dem 19. Jh. Im Modeviertel beherbergt es das Modemuseum (nur Wechselausstellungen, bei Umbau geschl.) und die Modeabteilung der Antwerpener Kunstakademie.

Museum Mayer van den Bergh ➡ E4
Lange Gasthuisstraat 19
✆ (03) 232 42 37
www.mayervandenbergh.be
Tägl. außer Mo 10–17 Uhr
Eintritt € 8/6, Kinder unter 12 J. frei
Kombiticket mit Rubenshaus € 10
Das von Henriette Mayer van den Bergh 1901 errichtete Haus beherbergt Werke von Vos, van der Weyden, Stillleben, Porträts, Retablen sowie das berühmte mysteriöse Höllenszenario »Dulle Griet« und die humorigen »Zwölf Sprüche auf Tellern« von Pieter Brueghel d. Ä.

2 Onze-Lieve-Vrouwekathedraal ➡ E4
Handschoenmarkt 1
✆ (03) 213 99 51
www.dekathedraal.be
Mo–Fr 10–17, Sa bis 15, So/Fei 13–16 Uhr, Eintritt € 5/3, Kinder unter 12 J. frei
Die sieben Kirchenschiffe der 1521, nach 170 Jahren, fertiggestellten Kathedrale erstrahlen in lichtdurchflutetem Weiß. Nach 20-jähriger Restaurierung zieht die Kathedrale jährlich 320 000 Besucher an, 1,5 Mio. € kostet ihr jährlicher Unterhalt. Die Jungfrau Maria ist ihre Schutzpatronin und die der Stadt. Neben einer Marienskulptur mit Kind aus dem 14. Jh. birgt sie viele weitere Gemälde und Kunstschätze. Einen guten Überblick bietet die virtuelle Führung (auf Deutsch) auf der Webseite.

Plantin-Moretus-Museum ➡ E3
Vrijdagmarkt 22
✆ (03) 221 14 50
www.museumplantinmoretus.be
Tägl. außer Mo 10–17 Uhr
Eintritt € 8/6, Kinder unter 12 J. frei

Druckerpressen, historische Bücher und Drucke sind in der original erhaltenen Renaissance-Druckerei im Haus (18. Jh.) der Druckerfamilie Plantin-Moretus zu sehen. Im Kupferstichkabinett (seit 2005 UNESCO-Welterbe) ist eine bedeutende Grafiksammlung ausgestellt. Die Wohnräume des reichen Patrizierhaushalts und eine Bibliothek mit fast allen Erzeugnissen der Druckerei vom 16.–19. Jh. sind ebenfalls sehenswert.

Rockoxhuis ➡ D4
Keizerstraat 10–12
✆ (03) 201 92 50
www.rockoxhuis.be
Tägl. außer Mo 10–17 Uhr
Eintritt € 2,50

Das originalgetreu restaurierte flämische Renaissance-Haus des Bürgermeisters und Künstlermäzens Nicolaas Rockox zeigt 87 Gemälde von Rubens, Brueghel, van Dyck, Jordaens und Frans Snijders sowie wertvolle Möbel und Tapisserien. Die Bibliothek birgt über 200 Bände. Ein sehenswertes Video informiert über die bewegte Zeit, in der Rubens dank Rockox für Antwerpens Barockkirchen künstlerisch tätig war.

Rubenshuis ➡ D4
Wapper 9–11
✆ (03) 201 15 55
www.rubenshuis.be
Tägl. außer Mo 10–17 Uhr
Eintritt € 8/6, Kinder unter 12 J.

Ursprünglich waren zwei gleichhohe Türme vorgesehen: die Onze-Lieve-Vrouwekathedraal

frei, Audioguide € 2, Kombiticket mit Museum Mayer van den Bergh € 10
Wohnhaus im flämischen Renaissancestil und Atelier von Peter Paul Rubens (1577–1640) ab 1611. Es zeigt Werke des Hofmalers, seiner Mitarbeiter und Zeitgenossen, historische Möbel, Skulpturen und Bücher sowie einen großzügig angelegten Garten.

St.-Andrieskerk ➡ E4
St.-Andriesstraat 5
Tägl. 14–17 Uhr, Eintritt Frei
Oberbau und Turm der spätgotischen Kirche des hl. Andreas sind barock. Augustinermönche ließen sie bis 1529 erbauen. Sie wurde mehrmals geplündert und in den 1970er-Jahren restauriert. Sie beherbergt einen wertvollen Reliquienschrein mit 36 Heiligen. Die reich verzierte Kanzel stammt von 1821, der Hochaltar aus dem 17. Jh.

St.-Carolus-Borromeuskerk ➡ D4
Hendrik Conscienceplein 6
Mo–Sa 10–12.30 und 14–17 Uhr
Eintritt frei
Spitzenmuseum Mi 10–12.30 und 14–16 Uhr, Eintritt € 1,50
Eine der schönsten Jesuitenkirchen, 1615–21 erbaut, am hübschen Hendrik Conscienceplein mit der Skulptur des Namensgebers, der Autor des historischen Romans »Der Löwe von Flandern«. Turm, barocke Fassade, Hochaltar, Stuck und die Marienkapelle weisen Rubens' Handschrift auf.

St.-Jacobskerk ➡ E4
Lange Nieuwstraat 73–75
Tägl. außer Mo 14–17 Uhr
Eintritt € 2/1,50, bis 12 J. frei
Reich verzierte Kirche, 1491–1656 erbaut, mit 23 Altären und zahlreichen Gemälden Alter Meister, bis heute Startpunkt für Pilger auf dem Weg nach Santiago de Compostela. Das Grabgemälde von

Selbstporträt (1628–30) des Peter Paul Rubens im Rubenshuis Antwerpen

Rubens »Maria mit dem Kind, umgeben von Heiligen« beeindruckt durch intensive Farben und ist für die späte Schaffensphase des Künstlers typisch.

St.-Pauluskerk ➡ D4
Veemarkt 13
www.topa.be
Tägl. 14–17 Uhr, Schatzkammer € 1
1571 eingeweiht, beherbergt die Kirche 50 Gemälde flämischer Meister wie van Baurscheidt, Rubens, van Dyck und Jordaens sowie sehenswerte Skulpturen und holzgeschnitztes Mobiliar. Der barocke Turm wurde erst nach dem Brand 1679 gebaut.

Vleeshuismuseum ➡ D3
Vleeshouwersstraat 38–40
✆ (03) 292 61 00
Tägl. außer Mo 10–17 Uhr
Eintritt € 5/3, bis 12. J. frei
Im früheren Gebäude der Fleischergilde befindet sich heute Antwerpens Musikinstrumentenmuseum. Dank Computertechnik und Kopfhörern ist der Besuch ein besonderes Klangerlebnis. Turmbläser, Glockenspiele, Konzerte, aber auch Geräusche von der Straße und aus historischen Tanzcafés zählen zum Repertoire. ■

Ein Rundgang durch Brügge

Vormittag
't Zand – Belfort – Stadhuis – St.-Donaaskathedraal – Heilig-Bloedbasiliek – Vismarkt – Rozenhoedkaai.

Mittag
Restaurant Marieke van Brugghe, Mariastraat 17, ✆ (050) 34 33 66, www.mvb.be, tägl. 10–23 Uhr.

Nachmittag
Groeningemuseum – Gruuthusemuseum – Onze-Lieve-Vrouwekerk – Memlingmuseum – Begijnhof.

Brügge mit seinen malerischen Grachten und Kanälen ist Flanderns Perle und das touristische Highlight mit den höchsten Besucherzahlen. Das Auto lässt man in der »Lagunenstadt« des Nordens in der Tiefgarage unter dem Platz 't Zand stehen. In Brügges modernem **Concertgebouw** ➡ aE2 liegt auch die Tourismusinformation In & Uit. Aus der oberen Etage bietet sich ein schöner Blick zu den drei Türmen von Belfried, Liebfrauenkirche und der **St.-Salvatorskathedraal** ➡ aD2, der nächsten Station des Spaziergangs. Durch die Steenstraat mit netten Geschäften geht es weiter zu den Terrassencafés auf dem lebhaften **Simon-Stevinplein** ➡ aD3 mit einem Denkmal des gleichnamigen Mathematikers, Physikers und Ingenieurs.

Brügges Marktplatz mit dem ❹ **Belfort** (Belfried) ➡ aD3 lädt zu längerem Verweilen ein oder zum Fotografieren der Pferdekutschen an der beliebten Frittenbude. 366 Stufen führen auf einer sehr en-

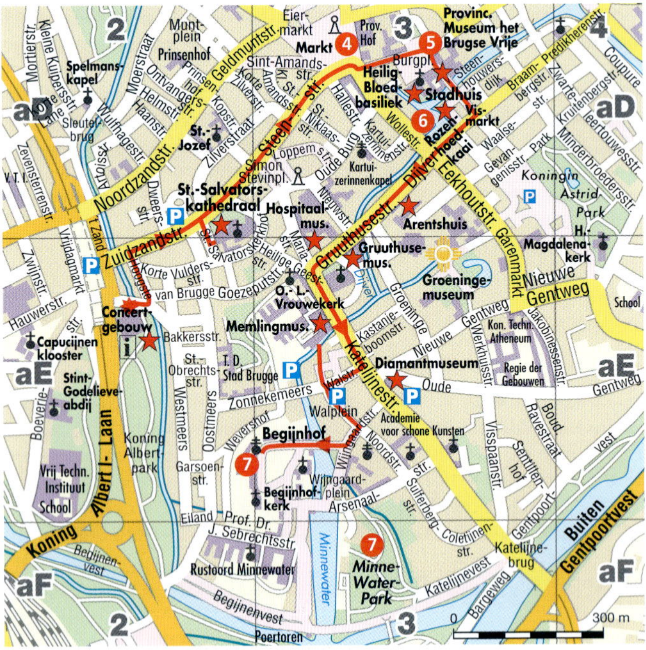

Aussicht vom Belfort auf den prächtigen Marktplatz von Brügge

gen Wendeltreppe auf den Belfried hinauf, der Freiheit und Reichtum des mittelalterlichen Brügges demonstriert und einen schönen Blick bietet. Alle Viertelstunde ertönt eine andere Melodie des berühmten Glockenspiels, das von einer Kupfertrommel im Maschinenraum gesteuert wird. Zwischen 21 und 7 Uhr wird es ausgeschaltet, damit die Menschen in Brügge ungestört schlafen können. Die 5200 Kilogramm schwere Siegesglocke läutet nur an Feiertagen.

In der Platzmitte stehen Skulpturen der beiden Volkshelden Jan Breydel und Pieter de Coninck. Sie gingen mit der Schlacht der Goldenen Sporen (1302) als flämische Kämpfer gegen die Unterdrückung durch die Franzosen in die Geschichte ein, thematisch auch realisiert in der Verfilmung des historischen Romans »Der Löwe von Flandern« von Hendrik Conscience. Die Häuser an dem ca. ein Hektar großen Platz haben gotische und neogotische Fassaden, wie das repräsentative Gebäude der Provinzregierung (19. Jh.), vor dem die Busse halten. Auf dem Weg durch die Breidelstraat kommt man an der Brandgasse Garre vorbei mit dem beliebten Café De Garre.

Aufbewahrungsort der berühmten Reliquie des Heiligen Blutes: die Heiligblutbasilika

Der 5 **Burgplatz** ➜ aD3 mit dem gotischen **Stadhuis** und der Heilig-Bloedbasiliek ist Brügges historische Wiege. Hier stand einst die erste Grafenburg zur Verteidigung gegen Überfälle der Normannen.

Erst mal abtauchen? Neugierige erwartet eine unterirdische Überraschung: An der Rezeption des Crowne Plaza Hotels am Platz fragen, ob gerade keine Konferenz stattfindet und dann die Treppe hinunter! Im Untergeschoss sind die langen Grundmauern der **St.-Donaaskathedraal** ➡ aD3 erhalten, einer Kopie der Pfalzkapelle des Aachener Doms aus der Karolingerzeit. Wer nicht viel Zeit hat, sollte sofort auf das Rathaus zusteuern. Die Fassade schmücken Skulpturen der Herzöge und Herzoginnen von Flandern. Leider sind es nicht mehr die Originale von Jan van Eyck. Sie wurden in der Französischen Revolution zerstört.

Brügges ältestes Gebäude ist die **Heilig-Bloedbasiliek** ➡ aD3 im Südwesten des Burgplatzes. Der obere gotische Teil der Doppelkirche birgt die berühmte Reliquie des Heiligen Blutes. Graf Diederik aus dem Elsass, Kreuzritter und Graf von Flandern, soll das Tuch mit dem Blut von Jesus 1150 aus Jerusalem mitgebracht haben. Den Unterbau bildet die romanischen St.-Basilius-Kirche (1139–49), sie ist dem Griechen Basilius (329–379) geweiht. Jeden Freitag dürfen Besucher das Podest hochsteigen, eine Hand auf die Plastikhülle der Reliquie – ein mit Edelsteinen geschmückter goldener Schrein mit einem blutbefleckten Tuch – legen und den Segen des Priesters empfangen.

Links des Rathauses steht die **Oude Griffie** (Alte Kanzlei) ➡ aD3 mit einer originalgetreu restaurierten Fassade aus dem 16. Jh. Bis in die 1980er-Jahre war sie Gerichtsgebäude. Heute befindet sich im ehemaligen Landeshaus des Brügger Freien (1722–1727), das seinerzeit Brügge und das Umland verwaltete, das Museum **Brugse Vrije**. Sein Highlight: ein prachtvoller Kaminaufsatz (1529) aus Eichenholz mit Alabasterfries.

Weiter geht es zu den Brügger Grachten, den sogenannten »Reie«, und zum **Vismarkt** ➡ aD3 (von 1820). Die Säulenhalle stammt von dem Brügger Baumeisters Jan-Robert Calloigne. Vormittags riecht es hier nach frischem Fisch. Auf dem nahen Huidenvettersplein rümpft ein steinernes Männchen die Nase. Aus dem Gildehaus der Gerber (Huidenvetter), die hier Rinderhäute zu Leder verarbeiteten, muss es im Mittelalter wohl sehr gestunken haben. Zu Brügges schönsten Postkartenmotiven gehört der tags und nachts unaufhörlich fotografierte 6 **Rozenhoedkaai** ➡ aD3: Der Blick über die Grachten zum Belfried ist märchenhaft. Der Dijver (samstags Flohmarkt) führt an einer Reie entlang und an dem renommierten Europakolleg vorbei zum **Groeningemuseum** ➡ aE3. Über die malerische Bonifaziusbrücke geht es zum **Gruuthusemuseum** ➡ aE3, dem Stadtpalast der Herren von Gruuthuse aus dem 15. Jh., die ihren Reichtum u.a. dem Verkauf von *gruut* verdankten, einer zum Bierbrauen verwendeten Gewürzmischung.

Ein wertvoller Kunstschatz findet sich in der gotischen **Onze-Lieve-Vrouwekerk** ➡ aE3: die weltberühmte »Madonna mit Kind« von Michelangelo aus Carrara-Marmor. Ein Brügger Kaufmann, der in Florenz und Rom Geschäft machte, schenkte sie seiner Kirchengemeinde 1506. Die Liebfrauenkirche beherbergt ebenfalls die Prunkgräber von Karl dem Kühnen, Herzog von Burgund, und seiner Tochter Maria aus dem 16. Jh.

Prunkgrab der Maria von Burgund in der Liebfrauenkirche in Brügge

Das **Memlingmuseum** ➡ aE3 im St.-Janshospital aus dem 12. Jh., einst Hospital der Augustinerinnen und Johanniter, zeigt Werke des deutschstämmigen Hans Memling aus dem 15. Jh., darunter der berühmte Reliquienschrein der hl. Ursula, auf dem die beiden Nonnen porträtiert sind, die dem Maler den Auftrag gaben. Für die hl. Katharina auf dem Triptychon »Die mystische Verlobung der hl. Katharina« soll Maria von Burgund Modell gestanden haben.

»Vision des Evangelisten Johannes auf Patmos«: rechter Flügel des Johannesaltars (1474–79) von Hans Memling im Memlingmuseum im St.-Janshospital (Brügge)

Nicht ganz 100 Meter hinter der Mariabrücke mit schönem Blick auf den Seitenflügel des Hospitals erinnert die Sackgasse Stoofstraat an mittelalterliche Massagesalons und Prostitution im alten Brügge. Zu einer Pause oder einem Restaurantbesuch verlockt der lebhafte, von Terrassen umgebene Walplein. Den Besuch der griechischen Götter in Brügge suggeriert die dynamische Bronzeskulptur eines Wagens mit Streitross, geschaffen von dem Künstler Jef Claerhout aus Damme.

Ab hier folgt man einfach dem Klappern der Pferdehufe und kommt zum 7 **Begijnhof** ➡ aE2/3. Die Nonnen, heute Benediktinerinnen, durchqueren ihn mehrmals am Tag auf dem Weg in die Kirche. An das Klostergelände schmiegt sich das **Minnewater** ➡ aF3, der Liebessee, nach dem auch der romantische Park benannt ist. Einer Legende zufolge trug sich hier die tragische Liebesgeschichte von Minna und Morin zu. Nach dem Verbot des Vaters, ihren Geliebten Morin zu heiraten, floh Minna allein aus ihrem Elternhaus. Morin suchte sie, fand sie aber bereits im Sterben liegend. Aus Trauer baute er einen Damm am Fluss, begrub Minna im Trockenen, brach den Damm und ließ das Wasser wieder fließen. Die Gelehrten streiten sich, ob der Name des Sees von »Minnesänger« oder »Binnenwater« abzuleiten ist. Denn von 1614, dem Jahr der Entstehung des Brügge-Gent-Kanals, bis Ende des 19. Jh. lag hier ein Teil von Brügges sehr lebhaftem Handelshafen.

Wer all das begießen möchte, kann auf dem Rückweg in die Stadtbrauerei De Halve Maan einkehren und sich ein »Brugse Zot« genehmigen – würziges obergäriges Bier, gebraut mit Malz, Hopfen und Spezialhefe.

Kanalidylle am Rozenhoedkaai in Brügge

Brügge sehen und sterben

Der Film »Brügge sehen ... und sterben?« (2008) machte Brügge zur Filmdiva. Zwei Monate lang unterstützte das City Film Office Brügge die Produktion mit Hunderten einheimischer Statisten, so auch Bürgermeister Patrick Moenaert. Die Produzenten mussten Versicherungspolicen in schwindelerregenden Höhen abschließen, da Teile des Films, etwa das Gespräch von Ray und Ken über das Fegefeuer, im Groeningemuseum neben wertvollen Gemälden von Hieronymus Bosch und Jan van Eyck gedreht wurden. Von der Heiligblut-Basilika erhielt das Team eine Absage und durfte nur vor der Tür filmen, die Innenaufnahmen stammen aus der Jerusalemkirche. Der Innenraum des Belfrieds wurde nachgebaut.

Zu den Drehorten (Movie Map zum Downloaden auf der Website der Stadt), zählen das Gruuthusemuseum, das B&B Number 11 (Zimmer 2 und 3), das Hotel Die Swaene – der Sprung aus dem Fenster in den Kanal geschah aus dem schicken Hotel Relais Bourgondisch Cruyce. Ray (Colin Farrell) führt Chloë zum Essen ins Restaurant Cafedraal. Besitzer und Mitarbeiter von Restaurants wie De Beurze, Café Central, Bistro't Zwart Huys, Bar Diligente erzählen noch gern von den Dreharbeiten. Die »Bruggelinge« freuten sich, dass ihre Stadt den Regisseuren so gefällt. Und sie durften schließlich weitaus mehr mitwirken als bei der amerikanischen Großproduktion von 1959 »The Nun's Story« (Die Geschichte einer Nonne), für die Audrey Hepburn einen Oskar bekam.

Im Mund des fluchenden Auftragskillers Ray wird das malerische Brügge allerdings zum abgründigen »fucking Bruges«. Ray schreibt Stadtgeschichte, aber wie es im Film heißt, als »schlechtester Tourist der ganzen Welt«. Nicht auszuhalten eben, so viel Schönheit auf einmal. Wer auf Brügges morbide Seite steht und lieber liest als Kino guckt: Verlassene Straßen, düstere Kanäle, Nieselregen und emotionale Schwere der melancholischen Diva Brügge beschrieb der Symbolist Georges Rodenbach 1892 in »Bruges-la-Morte« – 1903 unter dem Titel »Das tote Brügge« ins Deutsche übersetzt. Auch hier der Bruch mit dem Pittoresken, am Ende Sex und Mord inbegriffen.

Streifzug

Ruhig und verträumt: das unbekanntere Brügge

Verlauf des Rundgangs siehe ausfaltbare Karte.

Nach dem Besuch des Schokoladenmuseums **Choco-Story** ➡ aC3 in der Wijnzakstraat lädt ein Spaziergang auf etwas weniger touristischen Pfaden in das grüne, dörfliche Brügge ein. Zu entdecken gibt es als Erstes die von den Jesuiten erbaute barocke **St.-Walburgakerk** ➡ aC3 (1619–42). Ihr heller symmetrischer Innenraum hat eine fantastische Akustik (im Sommer klassische Konzerte). Fotogen ist der Blick von der Brücke zwischen Spinolarei und Spiegelrei, auf der anderen Seite liegt das Gebäude des früheren Kollegs der englischen Jesuiten in Brügge. Vier Straßen weiter in der Gouden-Handstraat im Herzen von St.-Gillis hatte im 15. Jh. Jan van Eyck sein Atelier. Hans Memling wohnte ganz in der Nähe in der St.-Jorisstraat. In der **St.-Gilliskerk** ➡ aC3, Brügges gotischer Hallenkirche, deren Seitenschiffe die gleiche Höhe haben, wie das Mittelschiff, ist Hans Memling begraben. Auf dem Friedhof ruhen weitere Altmeister der Malerei.

Über die Lange Rei fuhren einst die Schiffe von der Nordsee über die Mündung des Zwin nach Brügge ein. Die schöne Snaggaardbrug führt auf die Potterierei. Man kommt zur im 17. Jh. größten Abtei der Stadt (Nr. 72), in der noch Bücher aus den Zeiten der Zistersienser erhalten sind, aber viel Einblick gewährt sie nicht. Das Grootseminarie bildet bis heute Priester aus. Nächste Station ist das **Hospitaalmuseum** ➡ aB4 der Liebfrauenkirche der Potterie. Der Name leitet sich von den »Pottbäckern« ab, Töpfern des frühen Mittelalters, die schon im 13. Jh. in einer Kapelle eine Statue ihrer Jungfrau verehrten. Zu bestaunen: Ein wertvoller Silberschatz und flämische Wandteppiche, darunter die »Mirakelteppiche« mit Motiven von Wundern und nach Gebeten erfüllten Wünschen.

Rechts hinter der Schleuse reicht der Blick zum Kanal Damse Vaart, der durch die flache von Jacques Brel besungene Polderlandschaft nach Damme führt, entweder mit dem Boot oder auf dem parallelen

Für die Region typische Bockwindmühle nördlich des Zentrums von Brügge

Spitzenkunst: Klöpplerin in Brügge

Radweg. Rechter Hand auf dem Stadtwall sind vier von früher 30 Windmühlen erhalten. Die **Koelewei-** und **St.-Janshuismolen** ➡ aB4 kann man besichtigen und vom Hügel den Ausblick über Brügge genießen.

Hangabwärts geht es durch den Rolweg zum **Gezellemuseum** ➡ aC4, dem Geburtshaus des flämischen Dichters Guido Gezelle (1830–99), mit erholsamem Garten. Obwohl er aus einfachen Verhältnissen stammte und seinerzeit die französischsprachige Elite bevorzugt wurde, schaffte er es Lehrer und Priester zu werden und die flämische Lyrik salonfähig zu machen. Wer noch das **Engels Klooster** (Englische Kloster) ➡ aC4 in der Carmersstraat anschauen möchte, wo der Dichter begraben ist, geht geradeaus. Die spätbarocke Kuppelkirche entwarf der Brügger Architekt Hendrik Pulinx. Das Kloster gründeten Augustinerinnen, die nach Brügge geflohen waren, nachdem Heinrich VIII. in England die Staatskirche eingeführt hatte, damit er sich scheiden lassen konnte. In der Kapelle ist ein Porträt von »Utopia«-Autor Sir Thomas Morus zu sehen. Es stammt aus dem Besitz einer Verwandten, Schwester Augustine, der achten Äbtissin des Klosters.

Ansonsten geht es vom Rolweg direkt in die Balstraat mit dem **Heimatmuseum** ➡ aC4. Es zeigt die Werkstatt eines Hutmachers, Schusters und Schneiders, eine Zuckerbäckerei, ein Klassenzimmer und ist etwas für Nostalgiker. Den weiteren Weg weist der Turm der **Jeruzalemkerk**, die sich die italienische Kaufmannsfamilie Adornes als private Kapelle und Begräbnisstätte bauen ließ. Nach einer Pilgerreise ins Heilige Land im Jahr 1470 hatte das Familienoberhaupt, Vater von 16 Kindern, die Idee, die Grabeskirche von Jerusalem nachzubauen. Die restaurierten Stiftungshäuser der Familie beherbergen Brügges Klöppelschule, Teil des Museums für Spitze (Kantcentrum).

Am St.-Annaplein liegt die St.-Annakirche, von innen überraschend prunkvoll. Vertäfelungen aus Eichenholz, Marmor und der Altar von 1644 zeugen vom zunehmenden Reichtum der Gemeinde. Das Gemälde an der Altarrückseite nimmt eine Fläche von 100 Quadratmetern ein. Das Eckhaus in der St.-Annarei 22 hat die schönste Rokoko-Fassade der Stadt und war Filmkulisse in »Die Geschichte einer Nonne« mit Audrey Hepburn. Am Zusammenfluss zweier Grachten laden hier Bänke zum Verweilen ein. Den Weg zurück ins Zentrum über die Rue Genthof säumen zahlreiche Kunstgalerien.

Vista Points Brügge

Brugge City Card

Die Brugge City Card kostet für 48 Std. € 34 (unter 26 Jahre € 31) und für 72 Std. € 39 (unter 26 Jahre € 36). Man kauft sie vor Ort oder online (preiswerter) über die Seite des Fremdenverkehrsamts und druckt sie selbst aus. In der Broschüre mit Stadtplan sind Brügges Sehenswürdigkeiten verzeichnet, darunter 22 Museen, die mit der Karte gratis besucht werden können. Zudem beinhaltet sie wahlweise eine Grachtenfahrt oder eine Rundfahrt mit dem City Tour Sightseeing Bus und 25 % Ermäßigungen für Fahrradverleih, Parkhaus, Veranstaltungen, öffentlichen Nahverkehr und Museumsshops, teilweise auch in der Umgebung von Brügge.

Museen, Architektur und andere Sehenswürdigkeiten

Arentshuis ➡ aD3
Dijver 16
✆ (050) 44 87 11
Di–So 9.30–17 Uhr, Eintritt € 2/1
Etwa 300 Werke des Brügger Künstlers Frank Brangwyn (1867–1956) zum industriellen Leben in den Docks und dem Alltag der Fabrikarbeiter im Stil des »romantischen Realismus«. Von einer Mittelmeerreise 1888 stammen die Reiseimpressionen, die seine Werke prägten. Sein Vater, Architekt und Maler, entwarf den Siegesthron der Heiligblut-Basilika.

7 Begijnhof ➡ aE2/3
Wijngaardstraat
Mo–Sa 10–17, So 14.30–17 Uhr
Eintritt € 2
Das kleine Museum erinnert an Alltag der Beginen seit der Gründung des Begijnhofs 1245 durch die Gräfin von Flandern Maria von Konstantinopel bis zum Jahr 1928. Um 12 Uhr singen die Benediktinerinnen in der Kirche gregorianische Gesänge.

4 Belfort ➡ aD3
Grote Markt 7
✆ (050) 44 87 11
Tägl. 9.30–17, letzter Aufstieg 16.15 Uhr, Eintritt € 8/6, € 4 (6–25 J.)
83 m hoher Belfried mit berühmtem Glockenspiel aus 47 Bronzeglocken (27 000 kg), einst Symbol für Freiheit und Reichtum. Regelmäßige Konzerte, schöner Blick über die Stadt. Im Gebäude des Belfrieds können Besucher ab Herbst 2012 im **Historium** (✆ 050-270 311, www.historium.be) das mittelalterliche Brügge des Jahres 1435 mit allen fünf Sinnen erleben. Eine Stunde dauert der Besuch der sieben Themensäle. Er führt u. a. in das Atelier Jan van Eycks, in den alten Hafen und man bekommt eine auch Liebesgeschichte erzählt. Hier finden sich auch ein Infopunkt des Tourismusamts, Schließfächer für Gepäck und ein öffentliches WC.

Im Groeningemuseum (Brügge): Jan van Eycks Porträt seiner Ehefrau Margaretha (1439)

Diamantmuseum ➡ aE3
Katelijnestraat 43
✆ (050) 34 50 56
www.diamondmuseum.be
Tägl. 10.30–17.30, Vorführungen 12.15 Uhr, Sa/So/Fei 11.25, 12.15, 13.15 Uhr, Eintritt € 7/6, mit Schleifshow € 10/8
In Brügge erfand der Goldschmied Ludwig von Berquem um 1476 das Diamantenschleifen. Die Ausstellung verdeutlicht die Entwicklung als Diamanten- und Kunststadt am Hof von Burgund (13.–15. Jh.). Zu sehen sind alle Schleifwerkzeuge der flämischen Diamantentradition und auch ein Roboter, der synthetische Diamanten aus Graphit herstellt.

Groeningemuseum ➡ aE3
Dijver 12
✆ (050) 44 87 11
www.museabrugge.be
www.vlaamsekunstcollectie.be
Tägl. außer Mo 9.30–17 Uhr
Eintritt € 8/6
Hochkarätige flämische Kunst aus sechs Jahrhunderten, darunter zahlreiche Gemälde der altniederländischen Meister und der »Flämischen Primitiven«. Highlights sind Jan van Eycks »Die Jungfrau Maria und Kind mit dem Domherren Joris van de Paele« und »Porträt der Margareta van Eyck«, aber auch Werke von Rogier van der Weyden, Hugo van der Goes, Hans Memling, Hieronymus Bosch und den flämischen Expressionisten wie James Ensor und Fernand Khnopff.

Der Reliquienschrein der hl. Ursula (1489) im Memlingmuseum im St. Janshospital

Gruuthusemuseum ➡ aE3
Dijver 17, www.museabrugge.be
Tägl. außer Mo 9.30–17 Uhr
Eintritt € 8/6
Der luxuriöse Stadtpalast der Herren von Gruuthuse zeigt Möbel, Gemälde, Musikinstrumente, Waffen vom 15.–19. Jh. Den Ehrensaal schmücken Wandteppiche, ein großer Kamin und verzierte Balken. Von ihrer privaten Betkapelle konnten die Herren in den Chor der Liebfrauenkirche schauen, also von ihrem Haus aus den Gottesdienst verfolgen.

Heilig-Bloedbasiliek ➡ aD3
Burg 13, www.holyblood.org
April–Sept. 9.30–12 und 14–18, Okt.–März 10–12 und 14–16 Uhr
Eintritt frei, Schatzkammer € 1,50
Doppelkirche aus der romanischen St.-Basilius-Kirche (1139–49) und der im 19. Jh. wiederrichteten gotischen Basilika im Oberbau. Jeden Freitag dürfen Besucher den Segen an der Reliquie des Heiligen Bluts empfangen. Heilig-Blut-Prozession mit Laiendarstellern an Himmelfahrt.

Kantcentrum/Jeruzalemkerk ➡ aC4
Peperstraat 3 A
✆ (050) 33 00 72
www.kantcentrum.eu
Mo–Sa 10–17 Uhr
Eintritt € 2,50/ 1,50, Kinder unter 7 J. frei
Alles über Spitze, Stickereien und ihre Geschichte erfahren. Spitzenklöpplerinnen bei der Arbeit zusehen oder bei den Workshops am Nachmittag selbst aktiv werden. Das Museum betreibt die letzte der einst 92 Klöppelschulen der

Stadt. Im restaurierten Wohnhaus der Genueser Kaufmannsfamilie Adornes erinnert es auch an weniger glorreiche Zeiten im 19. Jh., als in Brügge ca. 10 000 Spitzenklöpplerinnen zu Hungerlöhnen arbeiteten. Der Familie gehörte auch die Jerusalemkirche nebenan. Die Grabkapelle hat Fenster mit prächtigen Glasmalereien (16. Jh.) und eine Krypta.

Memlingmuseum im St.-Jans-hospital ➡ aE3
Mariastraat 38
✆ (050) 44 87 11
www.museabrugge.be
Tägl. außer Mo 9.30–17 Uhr
Eintritt € 8/6
Das Johanneshospital aus dem 12. Jh. zeigt Werke von Hans Memling (1433/40–94) wie den berühmten Reliquienschrein der hl. Ursula und das Triptychon »Die mystische Verlobung der hl. Katharina«. Neben Möbeln, Gemälden, Skulpturen, Silber- und Zinnwaren und medizinischen Instrumenten sind auch der alte Dachstuhl sowie der Kräutergarten und die Apotheke gegenüber der Liebfrauenkirche sehenswert.

Onze-Lieve-Vrouwekerk ➡ aE3
Mariastraat
Tägl. 9.30–16.50, So 13.30–16.50 Uhr, Eintritt € 4/3
Die Liebfrauenkirche mit barocker Innenausstattung aus der Zeit nach den reformatorischen Bilderstürmen beherbergt die »Madonna mit Kind« von Michelangelo aus Carrara-Marmor und Prunkgräber der Herzöge von Burgund.

Stadhuis ➡ aD3
Burg 12
www.museabrugge.be
Tägl. 9.30–17 Uhr
Eintritt € 2/1, mit Audioguide € 4
Das Rathaus von 1376 hat einen fantastischen gotischen Saal mit imposanter Decke und hochfestlichem Ambiente. Wandmalereien aus der Zeit der historisierenden Romantik (19. Jh.) erzählen von Brügges Geschichte und dem Machtkampf zwischen Stadtrat, Fürsten und Bürgern. Im unteren Raum ist eine Porträtsammlung zu sehen.

Michelangelos »Madonna mit Kind« (1501–05) in der Onze-Lieve-Vrouwekerk

St.-Salvatorskathedraal ➡ aD2
St.-Salvatorskoorstraat B
✆ (050) 33 68 41
www.sintsalvator.be
Mo–Fr 9–12 und 14–17.30, Sa bis 15.30, So 9–10 und 14–17 Uhr
Schatzkammer So–Fr 14–17 Uhr
Die dreischiffige gotische Bischofskathedrale (12. Jh.) birgt die riesige Skulptur von Artus Quellinus »Gott der Vater« von 1682 und Gemälde flämischer Meister. Acht Wandteppiche aus dem 18. Jh. schmücken den Chor (1300). In der Domschatzkammer ist Brügges ältester gemalter Altaraufsatz von 1400 zu bewundern, der Huidenvettersaltar (Altar der Gerber). Sehenswert ist das »Martyrium des Hippolytus« aus dem Triptychon vom 1468 des flämischen Meisters Dierick Bouts d. J. Gelegentlich finden Orgelkonzerte statt. ■

Ein Rundgang durch Gent

Vormittag
Vrijdagmarkt – Patershol – Gravensteen – Graslei und Korenlei – Korenmarkt.

Mittag
Bij den Wijzen en den Zot, Hertogstraat 42, ✆ (09) 223 42 30, www.bijdenwijzenendenzot.be, Di–Sa 12–13.30 und 18–22 Uhr.

Nachmittag
St.-Michielskerk – St.-Niklaaskerk – St.-Baafskathedraal – Stadhuis – Museum Voor Schone Kunsten – S.M.A.K. – STAM.

Nicht nur freitags, wenn Markt ist, hat der **Vrijdagmarkt** ➡ bB2 viel Flair. Hübsche Genter Häuser und Terrassencafés säumen ihn, ab und zu zeigen Tangotänzer auf einer Bühne ihr Können. Der Platz verströmt Geschichte, hier feierten Machthaber ihren Einzug in die Stadt, wurden Ansprachen von Balkonen gehalten. Für den Rundgang durch Gent ist dieser Platz ein guter Ausgangspunkt, denn er hat ein großes unterirdisches Parkhaus. Wer die **Statue von Jacob van Artevelde** in der Mitte betrachtet, taucht direkt in Gents Geschichte als Stadt reicher Tuchhändler ein. Der nach der belgischen Staatsgründung 1830 zum Volkshelden erkorene »Weise Mann von Gent« zeigt Richtung England. Während des Hundertjährigen Kriegs zwischen England und Frankreich stellte er sich auf die Seite des englischen Königs. England lieferte daraufhin im 14. Jh. weiter Wolle und die Genter Tuchindustrie

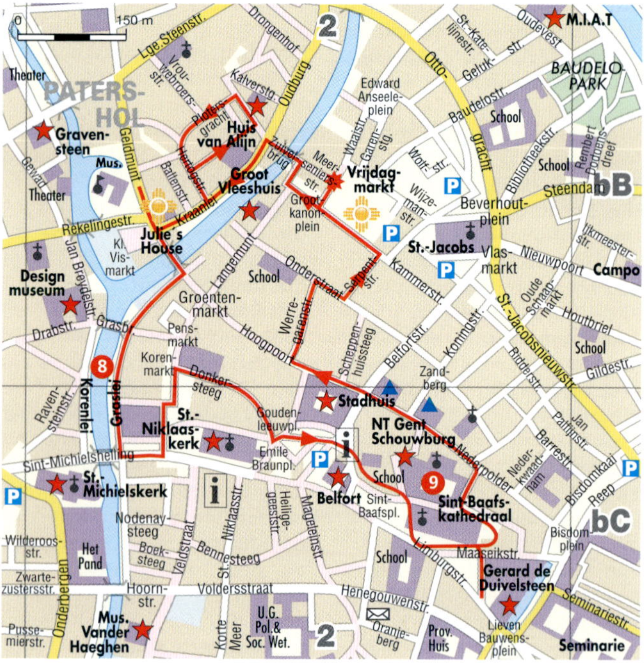

Der Genter Vrijdagmarkt mit der Statue des Jacob van Artevelde

erlebte ihre größte Blütezeit. Artevelde musste nach England fliehen und wurde nach seiner Rückkehr nach Gent von seinen politischen Gegnern ermordet.

Am Fuß von Gents ältester Statue aus dem Jahr 1863 sind die Wappen der Stadt und der 52 Genter Handwerksgilden dargestellt. Das 53. Wappen der Brauergilde hält Jacob van Artevelde in der Hand, da er zeitweilig ebenfalls Brauer war. Das größte Gebäude am Platz, das sozialistische Volkshaus **»Ons Huis«** ➡ bB2 von 1902 spiegelt die Entwicklung zur Arbeiterstadt. Das älteste Haus, das »**Toreken**« (Türmchen) gehörte der Gerbergilde und ist heute ein Kulturzentrum für Poesie. Nicht versäumen, ein Bier in der »Dulle Griet«. Wer ein »Kwak« bestellt, muss seine Schuhe an der Decke aufhängen lassen, ein Brauch zum Schutz vor Diebstahl oder Zechprellerei. Richtung Leie steht seit über 425 Jahren die schmiedeeiserne **Rote Kanone**. Sie wiegt 12 500 Kilogramm und ist fünf Meter lang. Nach einer einzigen geschossenen Kugel, die mit 340 Kilogramm zu Boden plumpste, ließ man sie wohl einfach stehen, wo sie war …

Vorbei an Geschäften in historischen Häusern geht es durch die Meerseniersstraatje und über die Zuivelbrug auf die andere Seite der Leie, wo früher Kräne die Waren von den Booten in die Häuser hievten. An der Kraanlei gibt es im **Huis van Alijn** ➡ bB2 (Nr. 65) eine Menge »unvergänglicher Details« von der Trockenhaube bis zur Farbgestaltung aus dem Alltag der 1970er-Jahren zu entdecken. Unvergessliches aus der magisch nostalgischen belgischen Vergangenheit, aber auch Nicht-Belgier werden hier charmant an früher erinnert.

Etwas weiter stehen zwei vielfotografierte Häuser aus dem 17. Jh. An der Fassade Nr. 79 sind die sechs Werke der Barmherzigkeit dargestellt. Das siebte »Die Toten bestatten« fehlt. Aber viel wichtiger: Das Feinkostgeschäft Temmermann im Erdgeschoss, eine der besten Adressen für Genter Spezialitäten. Das Nachbarhaus Nr. 81 zeigt die fünf Sinne sowie einen Flötenspieler und einen fliegenden Hirsch, im oberen Teil der Fassade sieht man die Symbole für Glaube, Liebe und Hoffnung. Die engen Gassen von Patershol auf dieser Seite der Leie laden zum Bummeln ein. Heute zählt es zu den begehrtesten und

Spiegelungen auf der Leie: die Fassaden an der Graslei

gemütlichen Wohnvierteln im Zentrum und ist bekannt für seine vielen attraktiven Restaurants. Tipp: Unbedingt die köstlichen Torten in **Julie's House** ➡ bB2 probieren. Vom Jahre währenden Verfall des alten Viertels der Textilarbeiter zu Füßen der Baumwollspinnerei in der nahen Burg **Gravensteen** ➡ bB2 ist nichts mehr zu spüren. Diese Ritterburg mit markanter, Zinnen bewehrter Silhouette, erhebt sich vor dem St.-Veerleplein heutzutage nahezu unwirklich.

Philipp von Elsass, Graf von Flandern, der am 3. Kreuzzug teilnahm, ließ die Festung 1180 nach dem Vorbild der syrischen Kreuzritterburg in Damaskus errichten. Bewohnt wurde sie selten, da das Klima in Gent wesentlich kühler ist. Abschreckend genug wirkte der trutzige, 30 Meter hohe Donjon jedoch: Angreifer bekamen schon im Wassergraben Pech und Schwefel und einen Hagel an Pfeilen übergeschüttet. Nach der Französischen Revolution arbeitete hier eine Baumwollspinnerei und die Arbeiter wohnten im benachbarten Viertel Patershol.

Gegenüber am Eingang zum alten **Vismarkt** wacht Neptun über die beiden Genter Flüsse. Die mächtige Schelde ist als Mann und die zierliche sanfte Leie als Frau dargestellt. Fisch wird in der restaurierten Halle schon lange nicht mehr verkauft. Sie ist Sitz des Fremdenverkehrsamt, beherbergt eine Passage und das Terrassenrestaurant Bord d'Eaux.

Wer mehr Zeit hat, kann hinter der Burg durch das Viertel streifen, wo sich der zwei Hektar große, von einer Mauer umgebene **Prinsenhof** ➡ bB1 befand. Von dem Herrenhaus aus dem 14. Jh., in dem 1500 Kaiser Karl V. geboren wurde, ist bis auf den Namen aber nichts mehr erhalten. Aus dem Mittelalter stammt noch die **St.-Stefanuskerk** ➡ bB2, Teil eines früheren Augustinerklosters und heutigem Wallfahrtsort. An den Prinsenhof schließen sich die Gebäude des **Oud Begijnhof** ➡ aB1 an. Zwischen den Beginenhäusern stehen vier Kirchen verschiedener Konfessionen.

Vielleicht ist es eher Zeit, für einen Café auf einer Terrasse an der Leie oder ein Bier im »Waterhuis aan de Bierkant« im früheren Gildenhaus der *wijnschroeders* – Händler, die den Alkoholgehalt des Weins überprüfen mussten. Ostflämische Spezialitäten von Ganda-Schinken bis zu Käse gibt es im **Groot Vleeshuis** ➡ bB2, der mittelalterlichen Fleischhalle. Die eindrucksvollen Fassaden an ❽ **Graslei** und **Korenlei** ➡ bB/bC2, die sich im Wasser spiegeln, sind Gents Postkartenmotiv schlechthin. Prunkvoll hergerichtet wurden die Häuser zur Weltausstellung von 1913, mit mehr oder weniger Detailtreue zum Original. Das Stapelhaus Spijker war bereits seit dem 12. Jh. ein Kornspeicher;

das barocke Coovemetershuis (Kornmesserhaus) geht auf das 14. Jh. zurück. Im Tolhuisje von 1682 wurden die Zölle in Naturalien bezahlt. Bei einer Bootsfahrt schweift der Blick vom Haus der Freien Schiffer an der Graslei zum Haus der Unfreien Schiffer mit den beiden Ankern an der Korenlei. Sie durften nicht auf den Genter Kanälen fahren, sondern luden ihre Waren auf die Kähne der freien Schiffer um. Trotzdem gönnten sie sich ein repräsentatives Gildehaus.

Wenn die Sonne scheint, laden die Ufer der Leie zum Sitzen, Schauen und Träumen ein. Den besten Blick auf die Leie und die Trilogie der Genter Türme von St.-Nikolaaskerk, Belfort und St.-Baafskathedraal bietet die St.-Michaelbrücke. Kunstliebhaber können einen Abstecher in die **St.-Michielskerk** und in die **St.-Niklaaskerk** ➡ bC2 machen. Es geht vorbei am **Gildehaus der Steinmetze** aus dem 16. Jh. mit sechs Tänzern auf dem Giebel. Am Korenmarkt, wo früher mit Korn gehandelt wurde, genießt man mittags und abends das Leben in Kneipen, Cafés und Restaurants. Nächste Station ist der St.-Baafsplein, das Herz des historischen »Kuip« (Kübel), wie die Genter ihre Altstadt nennen. Vom **Belfort** ➡ bC2, an den sich die Tuchhalle anschließt, die später zum Gefängnis wurde, bietet sich ein schöner Blick aus der Vogelperspektive.

Die stolzen, nach Unabhängigkeit strebenden Genter gerieten 1539 in einen harschen Konflikt mit ihrem Prinzensohn Kaiser Karl V., der ihre Privilegien einschränkte. Nach einem Aufstand ließ der Kaiser die Stadt stürmen und 17 der Anführer köpfen. Als Symbol der öffentlichen Erniedrigung musste die Rolandglocke aus dem Belfried weichen. Doch es sollte noch schlimmer kommen. Auf Befehl des Kaisers liefen Hunderte einflussreicher Genter am 3. Mai 1540 barfuß und nur mit einem Hemd bekleidet mit einem schwarzweißen Strang um den Hals vom Rathaus zum Prinzenhof, um dort kniend um die Gnade des Kaisers zu flehen.

Die gotische St.-Niklaaskerk in Gent, das einstige Gotteshaus der Kaufleute und Gildemeister

Rätselhaftes Meisterwerk der Brüder Van Eyck in der St.-Baafskathedraal: der Genter Altar mit der »Anbetung des Lamm Gottes« (1432)

Heute tragen die Genter ihren Spitznamen »Stropkes« (Strangträger) mit Stolz. Ihre turbulentesten Festtage, die »Gentser Feste« beginnen jedes Jahr mit einem beeindruckenden historischen Umzug der Strangträger.

Eine Seite des St.-Baafsplein säumt das hübsche Theater **NT Gent Schouwburg** ➡ bC2 mit einem von der griechischen Mythologie inspirierten Giebelfresko. Davor plätschert ein Brunnen und häufig halten Pferdekutschen oder Eiswagen. Abends kann man nach dem Theaterbesuch hier in die Kneipen ausschwärmen. Richtung Nikolauskirche entsteht ein moderner Platz mit neuer Markthalle. Highlight eines Gent-Besuchs ist die den Platz prägende ❾ **St.-Baafskathedraal** ➡ bC2. Die Attraktion der Kathedrale ist der **Genter Altar**, ein Meisterwerk flämischer Kunst. Das Original des Klappaltars von 1432 mit der Gemäldekomposition »Die Anbetung des Lamm Gottes« auf zwölf Innentafeln befindet sich in der Taufkapelle Karls V. (1500) hinter Panzerglas. An seinem ursprünglichen Ort, der Vijd-Kapelle im südöstlichen Kapellenkranz der Kirche steht eine Kopie. Besucher können hier die Klappen des Altars selbst schließen und ihn so betrachten, wie er früher an den meisten Tagen des Jahres zu sehen war. Die Klappen wurden nur an christlichen Festtagen geöffnet. Links und rechts unten sind der Stifter und seine Frau abgebildet, zwischen ihnen Johannes der Täufer, Stadtpatron von Gent, und Johannes der Evangelist, der die innen dargestellte Apokalypse der Bibel schrieb.

Blickfang, zumindest für das heutige Publikum: Adam und Eva auf den beiden schmalen äußeren Tafeln. Ihre anstößige leuchtende Nacktheit provozierte Kaiser Joseph II. derart, dass er sie 1781 entfernen ließ. Im 19. Jh. ersetzte man sie durch bekleidete Protagonisten des Sündenfalls. Diese beiden Bildtafeln des Genter Malers V. Lagye hängen heute an einer Säule der Kathedrale. »Die Anbetung des Lamm Gottes« ist eines der wenigen Gemälde, auf dem Gott dargestellt ist. Bei dieser Deesis, die traditionell aus den drei Figuren Maria, dem thronenden Weltenherrscher und Johannes dem Täufer besteht, streiten sich die Gelehrten, ob es sich nun wirklich um Gottvater, um Jesus Christus oder um eine Verschmelzung beider handelt. Der Weltenrichter trägt ein blutrotes Gewand und auf dem Kopf eine edelsteingeschmückte Tiara. Zu seinen Füßen liegen Krone und Zepter. Mit der Taube als Symbol des Heiligen Geistes und dem Lamm als Verkörperung von Gottes Sohn bildet er einen Teil der Dreifaltigkeit. Rechts und links der Engelschor; unterschiedliche Mundbewegungen suggerieren mehrstimmigen Gesang, als Instrumente sind Orgel, Viola und Harfe dargestellt. So kann der Betrachter das Bild vor dem inneren Ohr erklingen lassen.

Die fünf unteren Tafeln, denen das Werk seinen Namen verdankt, veranschaulichen die Offenbarung des Johannes aus dem Neuen Testament. Zentrales Element: das in einen Kelch blutende Lamm auf dem Altar. Kuriosum der Geschichte: Es hat vier Ohren. Die größeren stammen von einer Übermalung bei einer Restaurierung in Brüssel nach dem Zweiten Weltkrieg; die kleineren, zierlichen des Originals konnten erst später wieder freigelegt werden. Erstaunlich ist auch die höchst detailgetreue und liebevoll naive Darstellung der Pflanzen in der paradiesartigen Landschaft. Selbst kleine Wiesenblumen wie Maiglöckchen, Waldmeister und Gänseblümchen sind erkennbar. Heilige Jungfrauen, Päpste, Bischöfe, Kardinäle und Mönche versammeln sich um den Altar. Anspielungsreiche Inschriften und eine vielschichtige Symbolik stellen hohe Ansprüche an die Bibelfestigkeit eines Betrachters. Aber es ist auch beeindruckend, wenn man es ganz einfach auf sich wirken lässt.

Der reiche Genter Patrizier Jodocus Vijd gab das Werk für die Kapelle der Familie um 1420 bei den Gebrüdern van Eyck in Auftrag. Jan van Eyck war derzeit Hofmaler und ein hochgeschätzter, vielbeschäftig-

Rätsel um den Raub der »Gerechten Richter«

Am spektakulärsten ist der dreiste, bis heute nicht aufgeklärte Kunstraub, der sich vor dem Zweiten Weltkrieg ereignete. In der Nacht des 10. April 1934 verschwanden zwei Tafeln mit Johannes dem Täufer und mit den Gerechten Richtern. Die Täter schrieben 14 Erpresserbriefe. Die Tafel mit Johannes dem Täufer fand die Polizei im Tausch für das erhoffte Lösegeld in einem Bahnhofsschließfach wieder. Da sie aber nur die Hälfte zahlten, blieb das Tafelbild »Die Gerechten Richter« bis heute verschwunden. Die Kopie von 1943/44 ist einem Gemälde von 1829 aus dem Rijksmuseum Amsterdam zu verdankten –»Kapelle des Jodocus Vijd« von Pierre Francois de Noter. Bis heute bleibt rätselhaft, wie die Täter die großen Tafeln stehlen konnten und woher sie wussten, dass ausgerechnet diese beiden lose im Rahmen steckten. Skandal im Land Maigrets, der damalige Justizminister bot dem König seinen Rücktritt an. Der Finanzmakler Arsène Goedertier gestand kurz vor seinem Tod die Beteiligung an der Tat, doch selbst auf dem Sterbebett bekam die Polizei nichts anderes aus ihm heraus als die Worte: »Sie ist für jedermann sichtbar, aber nur der Bischof kann sie an sich nehmen«. Der Bischof schwieg. Die Behörden ließen Wünschelrutengänger nach der Tafel suchen, zerlegten ein Kriegsdenkmal in Melle, trugen 1990 eine Brücke ab und suchten in der Kathedrale selbst. Alles vergeblich. Zeitungsartikeln der flämisch- und französischsprachigen Presse sowie Dokumenten aus den polizeilichen Ermittlungen ist ein Raum im STAM gewidmet.

Gemalte Skulptur: die wieder aufgetauchte Tafel des Genter Altars mit »Johannes dem Täufer«

ter Künstler. Ob er das Werk nur vollendete, als Hubert van Eyck kurz vor der Fertigstellung starb, wie es auch in der später hinzugefügten Inschrift steht, ist wissenschaftlich umstritten. Einige vertreten diese These, andere sind der Meinung, Hubert sei gar nicht Jans Bruder gewesen, sondern ein gleichnamiger Namensvetter aus Gent. Jan van Eycks Brügger Herkunft habe den Gentern nicht gepasst und so hätten sie Hubert kurzerhand zu seinem Bruder erkoren…

Auch der Altar selbst hat eine bewegte Geschichte. Die Franzosen brachten 1794 Teile nach Paris, 1821 landeten sechs Tafeln in Berlin und wurden zersägt, um beide Seiten zeigen zu können. Nach dem Ersten Weltkrieg bekam der belgische Staat 1919 alle Teile als Reparationsleistung wieder zurück.

Das **Stadhuis** ➡ bC2 präsentiert zum Botermarkt hin eine schlichte Renaissancefassade, an der Hoogport wiederum prunkt es in flammender Gotik. Zu besichtigen ist es nur mit Voranmeldung und Führung. Wer Lust hat, kann noch an der düsteren Burg **Duivelsteen** vorbeigehen, die sich ein flandrischer Vogt 1245 erbauen ließ. Später war sie Zuchthaus und Gefängnis. Wer Ruhe sucht und eine Architektur, die ein wenig bezaubert, ist am **Achtersikkel** in der Biezekapelstraat richtig. Das Ensemble mit Turm, Ecktürmen und Innenhof verdankt seinen Namen der wohlhabenden und angesehenen Patrizierfamilie van der Sickelen. Zurück zum Vrijdagsmarkt geht es durch das Werregarenstraatje, eine Gasse, die heute jeder als »Graffitistraatje« kennt. Graffiti bedecken die Wände, und mit der Zeit entstehen immer wieder neue, denn dies ist der einzige Ort in Gent, an dem auf Sprühen keine hohe Strafe steht.

Streifzüge

Über den Kouter zur Bijlokesite

Ein schöner Spaziergang führt ab der St.-Michielshelling immer an der Leie entlang in ca. 20 Minuten bis zum **Bijlokekwartier** ➡ bD1. Es geht vorbei am **Pand** ➡ bC2, einem früheren Dominikanerkloster, heute Konferenz- und Kulturzentrum im Besitz der Universität Gent. Auf Anfrage kann man in seinen Räumen Glasfensterfragmente und Fotos der Gemälde von Hieronymus Bosch in Originalgröße besichtigen. In Höhe der **Vlamse Opera** ➡ bC2 führt ein Abstecher zum Kouter, dem sogenannten »Place m'As tu vu« (Platz zum Sehen und Gesehen werden). Hier steht die alte **Handelsbeurs** ➡ bC2 mit ihrem beliebten Konzertsaal. Sonntags vormittags treffen sich die Genter zum Austernessen auf dem Blumenmarkt, und im Pavillon spielt eine Kapelle. Weiter oben an der Leie liegen Hausboote. Ziel des Streifzugs ist das ⑩ **STAM** ➡ bD1, Gents Museum für Stadtgeschichte in den Gebäuden der Bijlokeabtei aus dem 14. Jh. mit dem Kloster aus dem 17. Jh., der ehemaligen Krankenstation sowie einem Teil aus jüngerer Zeit. Noch bis 1982 war hier ein renommiertes Krankenhaus mit 700-jähriger Tradition untergebracht, in dem die Zisterzienserinnen ihre Patienten pflegten. Später diente die Abtei als Altenheim. Auf dem weitläufigen Gelände haben an die zehn kulturelle Einrichtungen und einige Medienunternehmen ihren Sitz, darunter die Hogeschool Gent, die Studios der Flämischen Oper und des berühmten »Les Ballets C de la B« sowie das Muziekzentrum de Bijloke. Plätze und Gärten auf dem grünen Gelände eignen sich auch zum Sonnen oder Picknicken auf Bänken.

Das Kunstenkwartier

Das Gent der Studenten und der Schönen Künste lässt sich leichter vom Bahnhof St.-Pieters aus erkunden als vom historischen Zentrum. Im Citadelpark liegen sich **Museum vor Schone Kunsten** und **S.M.A.K.** ➡ bE2, Gents Museum für zeitgenössische Kunst direkt gegenüber. Kunstinteressierte können für beide Museen gut und gern einen halben Tag einplanen. Wer eine weitere aktuelle Ausstellung sehen möchte, hat in der **Kunsthal der St.-Peterabdij** ➡ bD2 (tägl. außer Mo 10–18 Uhr, € 5/3,75) gute Chancen. Neben St.-Bavo (Ganda) war die St. Peterabtei (Blandinium) im Mittelalter eine der wichtigsten Abteien der Stadt. Die barocke Abteikirche nebenan entstand im 17. und 18. Jh. in zwei Bauphasen. Die Glanzzeit der Abtei war nach den Unruhen des 16. Jh. bereits vorbei, aber den zurückgekehrten Benediktinermönchen gelang es, sie noch einmal neu zu gestalten, kurz bevor die Franzosen 1796 die religiösen Orden abschafften. Mit einem Audioguide können Besucher die bewegte Geschichte der Abtei und ihre Kirche kennenlernen.

Gents Studenten begegnet man heute im **Boekentoren** ➡ bD2, dem 64 Meter hohen Bücherturm auf dem Blandinenberg. Drei Mio. Bücher birgt der Betonturm der Universitätsbibliothek, ein Werk von Henry van de Velde. Neben den Kneipen und Cafés besuchen sie auch gern das große Art-déco-Café im elfstöckigen **Kunstzentrum Vooruit**, anno dazumal Sitz der Genter Textilgenossenschaft. Architekt Ferdinand Dierkens erbaute auch das Gewerkschaftshaus Ons Huis am Vrijdagmarkt. Beide erinnern an die Bedeutung der Arbeiterbewegung im traditionell rebellischen Gent. Übrigens: Wer müde Füße hat, sollte diesen Streifzug lieber mit dem Bus oder Fahrrad unternehmen.

Hausboot am Ufer der Leie (Gent)

Vista Points Gent

Museumspass Gent

Der Museumspass kostet € 20 und ist drei Tage gültig. Er beinhaltet den Besuch der bedeutendsten Museen (Dauer- und Sonderausstellungen) und Sehenswürdigkeiten Gents. Zugleich kann man kostenlos alle städtischen Busse und Straßenbahnen von »De Lijn« benutzen. Mit der Straßenbahnlinie 1 sind alle Museen und Sehenswürdigkeiten bequem zu erreichen. Erhältlich beim Genter Fremdenverkehrsamt, in den teilnehmenden Museen, in Hotels und den Verkaufsstellen von »De Lijn«.

Die »Gentse Museumnacht« bietet Anfang Dezember freien Eintritt in alle Museen.

Museen, Architektur und andere Sehenswürdigkeiten

Belfort ➡ bC2
St.-Baafsplein, ✆ (09) 233 39 54
www.belfortgent.be
Tägl. 10–18 Uhr, Eintritt € 5/3,75
Der 91 m hohe Belfried (14. Jh.), auf dessen Turm ein vergoldeter Drache wacht, behütet seit 1402 die Stadtprivilegien. Vier Turmwächter aus Stein und zwei der Vorgängerdrachen von der Turmspitze begrüßen Besucher im unteren Teil des Belfrieds. Ab 1325 wurde die Sturm- und Brandglocke »Klokke Roeland« geläutet, die bald darauf als Uhr stündlich eine Melodie spielte. Ihren Klang bildete zunächst ein *quatrillon* (vier Glocken) später ein *carillon* (Glockenspiel). 1659 schmolz man die Glocke ein. Das heute ausgestellte Glockenspiel besteht aus 54 Glocken. Um den schönen Blick vom Turm zu genießen, geht es drei Stockwerke mit dem Aufzug hoch oder über die Treppen.

Modernes Ambiente hinter historischer Fassade: Design museum Gent

Design museum Gent ➡ bB2
Jan Breydelstraat 5
✆ (09) 267 99 99
www.designmuseumgent.be
Tägl. 10–18 Uhr, Eintritt € 5/3,75
Der Museumsbau und die Exponate belgischer, italienischer und europäischer Designer des 20. Jh. sind eine Entdeckung wert. Hinter der großartigen Fassade des Hôtel de Coninck aus dem 18. Jh. errichtete der Architekt Willy Verstraete einen modernen luftigen Bau mit neuem Giebel und einem hydraulischen Aufzug, mit dem sich die Höhe der Etagen verstellen lässt. Die stilvollen Räume des alten Gebäudeteils schmücken Kristallleuchter, Seidentapeten, Wandmalereien und -teppiche. Zudem besitzt das Museum Mobiliar und Keramik so berühmter Art-déco-Vertreter wie Henry van de Velde, Victor Horta, Paul Hankar, Gustave Serrurier-Bovy und Philippe Wolfens.

Burg Gravensteen in Gent, eine der größten und imposantesten Wasserburgen Europas

Gravensteen ➡ bB2
St.-Veerleplein 11
✆ (09) 225 93 06
www.visitgent.be, tägl. 9–17 Uhr
Eintritt € 8/6 (mit Audioguide)
Von Philipp von Elsass nach syrischem Vorbild 1180 errichtete Festung. 1407–1708 Sitz des Gerichts und Stadtrats. In dieser Zeit wurde auch die Folterkammer eingerichtet. Zu sehen sind 15 hohe weitgehend leere Räume, die Rüstkammer mit Waffen und der große Saal, in dem sich 1445 die Ritter des Ordens vom Goldenen Vlies versammelten. Der Wehrgang mit 24 Zinnen bietet einen schönen Ausblick.

Huis van Alijn ➡ bB2
Kraanlei 65 , ✆ (09) 269 23 50
www.huisvanalijn.be
Di–Sa 11–17, So ab 10 Uhr
Eintritt € 5/3,75
Nostalgisches aus den 1970er-Jahren, sowie eine Marionettensammlung neben Fotos, Film- und Tondokumenten. Das Museum in mehreren kleinen weißen Häusern um einen Hof mit Café wurde einst von einer reichen Genter Familie als Waisen- und Armenhaus gestiftet, aus Sühne für einen begangenen Mord.

M.I.A.T. – Museum für Industrielle Archäologie und Textilien ➡ bB2
Minnemeers 9, ✆ (09) 269 42 00
www.miat.gent.be
Di–So 10–18 Uhr, Eintritt € 5/3,75
In einer ehemaligen Baumwollspinnerei verdeutlichen alte Webstühle und Maschinen den technischen Wandel Gents zum »Manchester« des Kontinents. Das Museum informiert mit Filmen und Workshops über die sozialen Umwälzungen während der fortschreitenden Industrialisierung. Zu sehen ist auch die »Mull Jenny«, die erste aus England importierte Spinnmaschine Flanderns. Das Obergeschoss bietet einen schönen Blick über Gent.

Museum Arnold Vander Haeghen ➡ bC2
Veldstraat 82 , ✆ (09) 269 84 60
Mo–Fr 10–12 und 14–16 Uhr
Eintritt frei
Das Patrizierhaus aus dem 18. Jh. stammt von dem Genter Baumeister David t'Kindt. Spä-

ter ließ Judocus Clemmen, der erste Baumwollkönig der Stadt, die Fassade fertig stellen und ein Lagerhaus anbauen, wo er eine Baumwolldruckerei betrieb. Der prunkvolle chinesische Salon zeugt von seinem Reichtum. Der Name des Museums stammt von der Druckerfamilie, die im 19. Jh. hier wohnte und das Haus dann der Stadt schenkte.

Museum Voor Schone Kunsten ➡ bE2
Fernand Scribedreef 1, Citadelpark
✆ (09) 240 07 00, www.mskgent.be
Tägl. außer Mo 10–18 Uhr, Eintritt € 5/3,75, auch Kombiticket (www.vlaamsekunstcollectie.be)
Der klassizistische Kunsttempel von 1898 beherbergt flämische Kunst vom Mittelalter bis zum 20. Jh. und bildet mit dem Groeningemuseum in Brügge und dem Museum für Schöne Künste in Antwerpen die »Vlaamse Kunstcollectie«. Seit der Renovierung 2007 stellt es stets 400–450 Werke aus. Darunter Hieronymos Boschs »Die Kreuztragung« und »Der heilige Hieronymus« sowie Pieter Brueghels d. Ä. »Bauernhochzeit in der Scheune« oder »Hochzeitstanz im Freien«. Ein Triptychon mit doppelten Flügeln und 24 Tafeln stammt von Frans I. Francken. Bekannte belgischer Künstler späterer Zeiten sind Leon und Gustave de Smet, Fritz van den Berghe, Constant Permeke, Oscar Jaspers, Gustave van de Woystyne, Léon Spilliard und Theo van Rysselberghe und James Ensor. Zu entdecken sind Genter Künstler wie Pieter Jan van Reyschoot, Pierre François de Noter und Xavier de Cock. Ein Raum ist Skulpturen von Georg Minne (1866–1941) gewidmet.

Karikaturenhaft: Hieronymos Boschs »Die Kreuztragung« (1515/16) im Genter Museum Voor Schone Kunsten

S.M.A.K. – Städtisches Museum für zeitgenössische Kunst ➡ bE2
Citadelpark
✆ (09) 221 17 03, www.smak.be
Di–So 10–18 Uhr, Eintritt € 6/ 4,50
Das dynamische Museum zeigt Wechselausstellungen nationaler und internationaler Koryphäen der zeitgenössischen Kunst. Dafür weichen manchmal auch Werke der permanenten Sammlung wie Christo, Warhol, Pierre Alechinsky, Panamarenko, Karen Appel und Marcel Broodthaers. Kurator und Kunstguru Jan Hoet setzte sich seit der ersten Stunde vehement dafür ein, dass das erste belgische Museum für zeitgenössische Kunst kontinuierlich im Gespräch blieb.

⑩ STAM – Stadsmuseum Gent ➡ bD1
Bijlokekaai 7b, Tram 4, 21, 22
✆ (09) 269 87 90
www.stamgent.be
Tägl. außer Mo 10–18 Uhr
Eintritt € 6/4,50
Seit der Eröffnung im Oktober 2010 sorgen Exponate, Multimedia-Installationen und die Mischung aus historischer und zeitgenössischer Architektur im Museum für Stadtgeschichte für viel Abwechslung. Eine von unten beleuchtete Luftaufnahme im Maßstab von 1:1000 bedeckt fast den gesamten Boden und bildet den Auftakt im ersten Saal. Im gotischen Refektorium der ehemaligen Bijlokeabtei (s. S. 38) faszinieren das Spitztonnengewölbe

aus Holz und Wandgemälde flämischer Meister aus der Zeit vor Jan van Eyck.

Durch den Klostergang geht es zu den historischen Themen der aufblühenden Stadt bis 1200, zu Karl V., der Industriestadt, dem Diebstahl des Tafelbilds »Die Gerechten Richter« aus der Kathedrale etc. Man lernt Vieles über Schöffenverwaltung, Tuchhandel, Industrialisierung und städtisches Wachstum in Gent. In der Abteikirche, an einem Tisch voller weißer Legosteine, dürfen Kinder mit an der Stadt bauen. Auf der Caféterrasse sitzt man nett zwischen neuen Glasfassaden und den Ziegelsteinwänden der alten Abtei.

»Mariä Verkündigung« (1432) – Flügel des Genter Altars

9 St.-Baafskathedraal ➡ bC2
St.-Baafsplein, ✆ (09) 269 20 45
www.sintbaafskathedraal-gent.be
Sommer 8.30–18, So ab 13 Uhr, Nov.–April bis 17 Uhr
Kapelle mit Genter Altar (Sommer 9.30–17, Winter 10.30–16 Uhr) € 4, inkl. Audioguide
Eine romanische Krypta mit Schatzkammer, ein hochgotischer Chor, eine Rokoko-Kanzel und 22 Kapellen – in Gents Kathedrale gibt es viel zu sehen, auch Gemälde zahlreicher flämischer Künstler. Früher zierte es den barocken Hochaltar, heute hängt es gegenüber dem Eingang zur Krypta: Das Rubens-Meisterwerk »Eintritt des hl. Bavo ins Kloster« (1624). Der Heilige trägt die Züge des Barockmalers. Publikumsmagnet ist jedoch der Genter Altar, eines der berühmtesten Kunstwerke der Welt. Der Klappaltar mit der Gemäldekomposition »Die Anbetung des Lamm Gottes« auf zwölf Innentafeln stammt aus dem Jahr 1432.

St.-Jacobskerk ➡ bB2
Bij St.-Jacobs, ✆ (09) 223 25 26
Die Kirche aus dem 12. Jh. wurde später im Stil der Scheldegotik überbaut und weist bis heute romanische Elemente auf, wie die Rundbogennischen im Untergeschoss und das Mauerwerk des Querschiffs.

St.-Michielskerk ➡ bC2
St.-Michielsplein
✆ (09) 234 28 69
Typische Kirche Brabanter Gotik, erbaut von 1440–1530 mit drei Schiffen über einem kreuzförmigen Grundriss. Ihr Turm blieb unvollendet. Kunstliebhaber betrachten gern »Die Kreuzigung« von Anthonis van Dyck sowie die barocken Gemälde von Otto van Veen, Gaspar de Crayer und Karel van Mander.

St.-Niklaaskerk ➡ bC2
Cataloniëstraat
✆ (09) 234 28 69
Die größtenteils im 13. Jh. aus Blaustein erbaute Kirche ist ein Musterbeispiel der Scheldegotik. Ihr Turm befindet sich über der Kreuzung zwischen dem Hauptschiff und den Seitenschiffen und ermöglicht den Lichteinfall in das Querschiff. Die Innenausstattung der Kapellen in den Seitenschiffen stifteten zahlreiche Gildenmitglieder. Die Orgel ist UNESCO-Welterbe. Oft sind Ausstellungen zu sehen. ■

Übernachten: Hotels, Bed & Breakfasts

In Flandern gibt es Hotels für jeden Geschmack und Geldbeutel. Meist bucht man sie am günstigsten frühzeitig über die Webseite der Tourismusinformationen oder Buchungsportale wie www.booking.com. Viele der größeren und teureren Hotels bieten regelmäßig Sondertarife oder Wochenendpauschalen. Eine Alternative zum Hotel sind private Unterkünfte in Chambres d'Hôtes, nicht immer die preiswertere, aber oft die individuellere Variante. Eine besonders große und charmante Auswahl an Unterkünften und Bed & Breakfasts bietet www.bruggebedandbreakfast.com.

Die angegebenen Preiskategorien gelten für ein Doppelzimmer pro Nacht:

€ – bis 100 Euro
€€ – 100 bis 150 Euro
€€€ – über 150 Euro

Hotels, Bed & Breakfast

Antwerpen:

Colombus ➡ E5
Frankrijklei 4
2000 Antwerpen
✆ (03) 233 03 90
www.colombushotel.com
Hotel in Opernnähe mit 32 funktional eingerichteten Zimmern. Frühstück gibt's im hübschen Jugendstilsaal. Mit recht großem, balinesisch gestylten Pool. Wochenendsonderpauschalen.
€€

Cuperus Huis ➡ F6
Van Diepenbeeckstraat 4
2018 Antwerpen
✆ (03) 239 40 02
anne.nuyts@pandora.be
Bed & Breakfast in Zurenborg, Nähe Cogels-Oseylei. Große, nett eingerichtete Zimmer mit Bad in renoviertem Jugendstilhaus von 1904. Frühstück wird aufs Zimmer gebracht. €

De Postiljon ➡ E4
Blauwmoezelstraat 6
2000 Antwerpen
✆ (03) 231 75 75
www.hotelpostiljon.be
Das charmante Hotel nahe der Kathedrale bietet 21 moderne Zimmer, anders als die historische Fassade vermuten lässt. Einige haben Gemeinschaftsbäder. Große Restaurantauswahl gibt es in unmittelbarer Nachbarschaft. €

Les Nuits ➡ E4
Lange Gasthuisstraat 12
2000 Antwerpen
✆ (03) 225 02 04
www.hotellesnuits.be
Boutiquehotel nahe der Meir mit 24 individuell gestylten, geräumigen Designerzimmern im selben Gebäude wie das Restaurant Flamand Dining mit schöner Sonnenterrasse. Mit Konferenzräumen.
€€

Plaza ➡ F5
Charlottalei 49, 2018 Antwerpen
Tram 2, 6, 15
✆ (03) 287 28 70, www.plaza.be
Komfortables Hotel an einer schattenspendenden Kastanienallee im Judenviertel mit großen Zimmern mit Balkon. Nahe Diamantenviertel und Hauptbahnhof. Freundlicher Service an der Rezeption. Frühstücksbuffet bis 11 Uhr. €€

Rubenshof ➡ G3
Amerikalei 115–117
2000 Antwerpen
Tram 12, 24 Brederodestraat
✆ (03) 237 07 89
www.rubenshof.be
Das familiengeführte Haus mit 22 Zimmern überrascht mit einer prunkvollen Stilmischung aus Empire- und Jugendstil. Einst Residenz eines Kardinals wurde es Anfang des 19. Jh. umgebaut. Attraktiv ist auch die Lage in »Het Zuid«, dem Antwerpener Süden mit vielen netten Kneipen und Restaurants sowie dem Museum für Schöne Künste und dem Museum für Fotografie. €

Scheldezicht ➡ E3
St.-Jansvliet 10–12
2000 Antwerpen
✆ (03) 231 66 02
www.hotelscheldezicht.be
Hotel im historischen Zentrum. Große, freundlich helle Zimmer, einige mit vier oder fünf Betten für Familien. €

Brügge:

Flanders ➡ aD4
Lange Straat 38, 8000 Brügge
Bus 6, 16 Molenbrug
✆ (050) 33 88 89
www.hotelflanders.com
Zentral und doch ein wenig abseits der touristischen Straßen. 50 elegante Zimmer. Beheizter Indoor-Pool, netter kleiner Garten und beliebte schicke Bar. €€

Imperial ➡ aD2
Dweersstraat 24, 8000 Brügge
Bus Zilverpand
✆ (050) 33 90 14
www.hotelimperial.be
Gemütlich-romantisches Hotel mit alten Bauernmöbeln und Kamin im Essraum. €

Malleberg ➡ aD3
Hoogstraat 7, 8000 Brügge
Bus 6 Vismarkt
✆ (050) 34 41 11
www.malleberg.be
Hübsches, gastfreundliches Fami-

Der besondere Aufenthalt: im »Nuit Blanche« bei Airbrush-Künstler David de Graef in Brügge

lienhotel in zentraler Lage. Modern eingerichtete, ansprechend gestrichene Zimmer. Gutes Preis-Leistungsverhältnis. €€

Martin's Brugge ➡ aD3
Oude Burg 5, 8000 Brügge
Bus 1, 11 Markt
✆ (050) 44 51 11
www.martinshotels.com
Drei-Sterne-Hotel, komplett modernisiert mit 177 Zimmern in Fußnähe zum Marktplatz direkt hinter dem Belfried. Bei schönem Wetter lädt der große Innenhof zum Verweilen bei einem Drink ein. Die oberen Zimmer haben schöne hohe Balkendecken. Nettes Ambiente für Privataufenthalte und Konferenzen. €€

Nuit Blanche ➡ aE3
Groeninge 2, 8000 Brügge
✆ (04 94) 40 04 47
www.nuit-blanche.be
Der Airbrush-Künstler David de Graef vermietet in seinem Atelier und wunderschönem Wohnhaus mit mittelalterlichem Garten an der Gracht ein gotisches und ein mittelalterliches Zimmer. €€€

Die Swaene ➡ aD3
Steenhouwersdijk 1
8000 Brügge
Bus 6, 16 Vismarkt
✆ (050) 34 27 98
www.dieswaene.com
Eins der romantischsten Hotels in Brügge, direkt an der Gracht. Antiquitäten zieren die 30 Zimmer, das Deckenfresko in der Lounge steht unter Denkmalschutz. Das Hotel mit Pool zählt seit 1994 zu den »Smallest Luxury Hotels of the World«. €€€

De Tuilerieën ➡ aD3
Dijver 7, 8000 Brügge
Bus 16 Markt
✆ (050) 34 36 91
www.hoteltuilerieen.com
Luxushotel mit Designerzimmer. Prominente Gäste wie Colin Farrell, Adamo, das belgische Prinzenpaar Filip und Mathilde, Jacques Delors u.a. sind in der Hall of Fame auf Fotos zu bewundern. Schön, zentral und mit Pool – das hat natürlich seinen Preis. €€€

T'Voermanshuys ➡ aD3
Oude Burg 14, 8000 Brügge
✆ (050) 34 13 96
www.voermanshuys.be
Familiäres B&B, liegt zentral und hat neun komfortable Zimmer. Babybetten bis zwei Jahre gratis. Ein Zimmer für drei Personen. €

Gent:

Aanaajaanaa ➡ bB2
Hoogpoort 25
9000 Gent
✆ (04 76) 75 52 55
www.aanaajaanaa.be
B&B mit schönen Holzdielen und in indischen Farbtönen gestrichenen Wänden in einem historischen Haus. Einst lebte hier der Drucker Jan De Meyer. Heute wird es nach ökologischen Kriterien geführt, von der Heizung über Recycling bis zum vegetarischen Frühstück aus biologischem Anbau oder Fair Trade. €€

Chambre Plus ➡ bB2
Hoogport 31, 9000 Gent
✆ (09) 225 37 75
www.chambreplus.be
Mia Aeckert vermietet in ihrem B&B drei große ruhige Doppelzimmer mit Blick auf den Garten. Das Frühstück gibt es im Wintergarten und bei schönem Wetter auch draußen. Am Wochenende nur für zwei Übernachtungen buchbar. Das Zimmer Côté-Sud in der Gartenlaube ist etwas teurer; es bietet Raum für vier Personen und eine Terrasse. €

Flandria ➡ bC2
Barrestraat 3, 9000 Gent
✆ (09) 223 06 26
www.hotelflandria-gent.be

Gent – durchzogen von traumhaften Grachten

Angenehmes familiär flämisch eingerichtetes Hotel für Preisbewusste in der Nähe der St.-Bavo-Kathedrale. Kinder unter 12 Jahren kommen kostenlos im Zimmer der Eltern unter. Es gibt 17 Zimmer mit Bad und sechs mit Gemeinschaftsbad. €

Ghent River Hotel ➡ bB2
Waaistraat 5, 9000 Gent
✆ (09) 266 10 10
www.ghent-river-hotel.be
Modernes komfortables Hotel mit 77 Zimmern, Sauna und Frühstück im 9. Stock mit Blick über die Dächer. Es liegt am Ufer der Leie, hat einen Bootsanlegesteg und zum Vrijdagmarkt sind es nur wenige Schritte. Der älteste Teil stammt aus der Renaissance und das industrielle Gebäude war einst eine Baumwollspinnerei. €€

Gravensteen ➡ bB2
Jan Breydelstraat 35
9000 Gent
✆ (09) 225 11 50
www.gravensteen.be
Renoviertes drei-Sterne-Hotel in einem Bau aus dem 19. Jh. in der Nähe der Burg. 49 Zimmer in schlossähnlichem Ambiente mit Bar und Lounge. Sauna- und Fitnessbereich. €€

Harmony ➡ bB2
Kraanlei 37, 9000 Gent
✆ (09) 324 26 80
www.hotel-harmony.be
Hübsches Boutique-Hotel mit 17 Zimmern im alten Stadtviertel Patershol. Die oberen Zimmer mit Balkon haben einen schönen Blick über die Altstadt. Bei schönem Wetter gibt es das Frühstück im Innenhof. Kleine Hunde sind erlaubt. €€

Sandton Grand Hotel Reylof ➡ bC1
Hoogstraat 36, 9000 Gent
Tram 1 Gravensteen
✆ (09) 235 40 70
www.sandton.eu/gent
Die niederländische Hotelkette hat einen monumentalen Herrensitz aus dem 18. Jh. zu einem Luxus- und Konferenzhotel mit 158 Zimmern restauriert und im Empirestil eingerichtet. Verwöhnung pur mit Schwimmbad, Sauna, Fitnessraum, Gourmetrestaurant, Cocktail- und Champagnerbar und Garten. Einst wohnte hier der Bauherr, Genter Kaufmannssohn und Dichter Olivier Reylof. €€€ ■

Essen und Trinken: Restaurants und Cafés

In Flandern gehört das Essen zu den wichtigsten Dingen im Leben, und es gibt eine Menge guter Restaurants jeder Preisklasse. In allen drei Städten kann man auch wunderbar *Moules et Frites*, frischen Nordseefisch und Meeresfrüchte essen. Brügges zahlreiche Restaurants bekommen täglich frischen Fisch aus dem 4 km entfernten Hafen Zeebrügge. Zu den Genter Spezialitäten zählt die *Waterzooi*, eine köstliche Fisch- oder auch Hühnersuppe. Gent bietet überdurchschnittlich viele vegetarische Restaurants und wirbt für sich als »Veggie City«. Antwerpen hat die besten jüdischen Restaurants.

In allen drei Städten machen kreative Nachwuchsköche von sich reden, in den sogenannten Flemish Foodies. Probieren sollte man aber auch die traditionellen flämischen Gerichte in Biersaucen. Sie stehen oft als *Carbonnade flamande* auf den Speisekarten, in süßer Biersauce gekochtes Rindfleisch. Auch Kaninchen wird gern mit Trappistenbier und Pflaumen zubereitet. Huhn kommt z.B. auch als *Vol au Vent* im Blätterteigmantel oder mit Chicoree auf den Tisch. Spargel essen viele Flamen gern mit hart gekochten Eiern und Butter. Zur Vorspeise gibt es oft Krabbenkroketten und zum Dessert *Dame blanche* (Vanilleeis mit heißer Schokolade). Und es lohnt, statt einer deftigen Mahlzeit in einem Café oder bei einem Chocolatier Pralinen, Schokolade, Törtchen oder Merveilleux, eine Torte aus Lille, dem französischen Teil von Flandern, zu genießen. Wer zu den Sternen greifen will: Geert van Hecke erkochte im »De Karmeliet« in Brügge drei Michelin-Sterne.

Zum Dessert: »Dame blanche« – Vanilleeis mit heißer Schokolade

Restaurants

Antwerpen:

FelixPakhuis ➡ C4
Godefriduskaai 30
✆ 03) 203 03 30
www.felixpakhuis.nu
Tägl. 12–15 und 18–22, Sa/So durchgehend, Fr/Sa bis 23 Uhr
Kreative Vielfalt aus der Küche von Jimmy van den Panhuysen in sehenswertem Event-Gebäudekomplex am Antwerpener Hafen. So/Fei auch Brunch. €

Frais diVers ➡ G6
Grote Hondstraat 5
✆ (03) 337 58 74
www.fraisdivers.be
Mi–Fr 8–18, Sa 8–16 Uhr
Hübsches B&B (2 DZ) mit Brunch- und Lunch-Restaurant gegenüber vom Restaurant Dôme in Zurenborg. Ein Geheimtipp für Genießer. Im kleinen Laden findet man Käse und reizend verpackte kulinarische Mitbringsel. €

Hoffy's ➡ F5
Lange Kievitstraat 52
✆ (03) 234 35 35, www.hoffys.be
Mo–Do und Sa 11–22, Fr 11–15.30 Uhr
Schnellrestaurant für koschere Küche seit 1985. Gerichte der osteuropäischen jüdischen Küche wie gefüllter Fisch mit Kraut oder Hühnersuppe mit Knödeln, vegetarische Gerichte und immer eine Tagessuppe. Gäste, die zum ersten Mal jüdisch essen, werden von Ben-

jamin Hoffmann und seinem Bruder auf Deutsch über jüdische kulinarische Traditionen informiert. €

Fiskebar ➡ F3
Marnixplaats 12/13
✆ (03) 257 13 57, www.fiskebar.be
Tägl.12–23 Uhr
Die Adresse für Fisch- und Meeresfrüchte in Antwerpens Zuid (Süden). Lockeres geselliges Ambiente und französisch-skandinavisches Know-how. €€

Hippodroom ➡ F3
Leopold De Waelplaats 10
✆ (03) 248 52 52
www.hippodroom.be
Mo–Fr 12–14.30 und 18–23, Sa 10–23 Uhr
Gute belgisch-französische Küche mit raffiniertem asiatischem Touch direkt gegenüber vom Museum für Schöne Künste. Garnelen und Hummer oder Steaks werden bei gutem Wetter auch im Innenhof serviert. €€

Het Pomphuis ➡ B4
Siberiastraat 7
✆ (03) 770 86 25
www.hetpomphuis.be
Tägl. ab 10, Küche Mo–Do 12–15 und 18–22.30, Fr/Sa bis 23, So 12–22 Uhr
Französische Fusionsküche direkt an der Schelde in einem spektakulären alten Pumpenhaus. Großzügig von der Speisekarte über die Weine bis zum denkmalgeschützten Interieur. €€€

Lamalo ➡ E5
Appelmansstraat 21
✆ (03) 213 22 00, www.lamalo.com
So–Do 12–15 und 18–22 Uhr
Über Antwerpen hinaus bekanntes koscheres Restaurant mit kreativer mediterraner Küche aus dem Mittleren Osten. Hausgemachte Sorbets und Weine aus Israel und Europa. Die Inhaber sind Juden marokkanischer Herkunft. €€€

Flandern ist ein Schlaraffenland, und mittags kann man auch in den teuren Restaurants ein Lunch zu erschwinglichen Preisen bekommen, oft zu weniger als die Hälfte. Die Preislagen der empfohlenen Restaurants beziehen sich auf ein Menü am Abend ohne Getränke.

€ – bis 25 Euro
(untere Preislage)
€€ – 25 bis 65 Euro
(mittlere Preislage)
€€€ – über 65 Euro
(höhere Preislage)

Sir Anthony van Dijck ➡ E3
Vlaeykensgang
Oude Koornmarkt 16
✆ (03) 231 61 70
www.siranthonyvandijck.be
Mo–Sa 12–13.30 und 18.30 Uhr bis spät
Es zählt zu den besten Restaurants für flämische Küche und liegt in einer winzigen Gasse in einem Gebäude aus dem 19. Jh. mit Steinböden, Bogenfenstern und hohen Räumen. Marc Paesbrugghe erwarb hier bereits 1978/79 zwei Michelin-Sterne. €€€

Brügge:

't Fonduehuisje ➡ aE3
Wijngardstraat 20
✆ (050) 33 55 57
www.fonduehuisje.be
Fr–Mo ab 11 Uhr, Di/Mi ab 18 Uhr
Käse- und Schokoladenfondue sind die Spezialität dieses gemütlichen Restaurants in einem kleinen typischen Brügger Haus. €

Salade Folle ➡ aE3
Walplein 13–14
✆ (050) 34 94 43
www.saladefolle.com
Vegetarisches Restaurant, nicht nur für Salatfans. Hübsche Lage, nettes Ambiente. €

De Stoepa ➡ aE2
Oostmeers 124
✆ (050) 33 04 54, www.stoepa.be
In-Restaurant mit hübschem Garten etwas abseits der touristischen Straßen hinter dem Beginenhof. Nette Bar, belgisch-mediterrane Küche mit indischem Einfluss. €

Den Dijver ➡ aD3
Dijver 5
✆ (050) 33 60 69, www.dijver.be
Tägl. außer Mi/Do 12–13.30 und 18.30–21 Uhr
Das elegante Restaurant verbindet Biertradition und kreative moderne Küche. Zu jedem Gang gibt es das passende Bier. €€

De Stove ➡ aD3
Kleine St. Amandstraat 4
✆ (050) 33 78 35
www.restaurantdestove.be
In dem kleinen Restaurant mit nur 20 Plätzen bereitet Inhaber Gino köstliche frische belgische Gerichte zu: Fisch aus Zeebrugge, Terrinen, im Winter auch Wild. Frau Erica serviert. €€

Marieke van Brugghe ➡ aE3
Mariastraat 17
✆ (050) 34 33 66
www.mvb.be, tägl. 10–23 Uhr
Gastfreundliche Brasserie mit Terrasse. Typisch belgische Küche, leckere frische Nordseesuppe. €€

Maximiliaan van Oostenrijk
➡ aE3
Wijngaardplein 16–17
✆ (050) 33 47 23
www.maximiliaanvanoostenrijk.be
Tägl. 12–22.30 Uhr, 15. Nov.–15. März Mi geschl.
Gemütliche Brasserie mit gediegenem Gasthofambiente am Tor zum Beginenhof. Fleischspezialitäten vom Holzkohlegrill, regionale flämische Küche, Fischgerichte und *Moules et Frites.* €€

Cafedraal ➡ aD2
Zilverstraat 38, ✆ (050) 34 08 45
www.cafedraal.be
Mo–Sa 12–15 und 18–23 Uhr
Auf der Terrasse oder im Kerzenlicht der stilvollen Räume des renovierten Hauses (15. Jh.). Kreativ angerichtete Fisch- und Fleischgerichte. Zu empfehlen: die frischen Meeresfrüchte, Hummer aus dem Becken oder Austern. Hier wurde eine Szene für den Film »Brügge sehen … und sterben?« gedreht. €€€

De Karmeliet ➡ aD4
Langestraat 19
✆ (050) 33 82 59
www.dekarmeliet.be
Di–Sa 12–15 und 18–22.30 Uhr
Der Urgroßvater war Bäcker, und an dem Rezept für das zu den raffinierten Gerichten gereichte Brot tüftelte der Sternekoch an die zwei Jahre. Schwarze und weiße Trüffeln, Austern, Meeresfrüchte, je nach Saison Wild und vieles mehr werden auf den Tisch gezaubert. €€€

Gent:

Avalon ➡ bB2
Geldmunt 32
✆ (09) 224 37 24
www.restaurantavalon.be

Di–Sa 11.30–14.30 Uhr
Das vegetarische Restaurant serviert auch Diätküche. Es hat mehrere gemütliche Räume und eine Terrasse. €

Du Progrès ➡ bB2
Korenmarkt 10
✆ (09) 225 17 16
www.duprogres.be
Do–Mo 8–24, Küche 11.30–22 Uhr
Das in der dritten Generation familiengeführte Restaurant ist für gute und günstige belgische Hausmannskost bekannt. €

Het Groot Vleeshuis ➡ bB2
Groentenmarkt 7
✆ (09) 223 23 24
www.grootvleeshuis.be
Im früheren Fleischhaus kann man unter hohen Balkendecken, von denen Schinken hängen, an Tischen Käse- und Wurstspezialitäten probieren. Eine lange Theke lädt auch zum Einkaufen ein. €

Bord'eau ➡ bB2
Veerleplein 5, ✆ (09) 223 20 00
www.oudevismijn.be
Mo–Do 12–14.30 und 18.30–22, Fr/Sa bis 22.30, So 12–15 Uhr
Die moderne Brasserie mit der Glasfassade ist in der restaurierten Halle des alten Fischmarkts untergebracht. Mit ihrer großen Terrasse an der Leie ist sie beliebter Treffpunkt zum Lunch. €€

Bij den Wijzen en den Zot ➡ bB2
Hertogstraat 42, ✆ (09) 223 42 30
www.bijdenwijzenendenzot.be
Di–Sa 12–13.30 und 18–22 Uhr
Gentse Waterzooi und andere Spezialitäten serviert das kleine gemütliche Restaurant im Patershol auf zwei Etagen. Pascale de Braekeleir kennt sich professionell mit französischen Weinen aus. An den Wänden hängen historische Fotos. €€

Korenlei Twee ➡ bB2
Korenlei 2

Schinken unter der Decke: »Het Groot Vleeshuis« in Gent

✆ (09) 224 00 73
www.korenleitwee.be
Di–Sa 12–14.30 und 18.30–22 Uhr
Beliebt ist der zweigängige Lunch für € 19. Der vordere Raum zur Straße ist etwas moderner, der hintere atmosphärischer, und bei gutem Wetter sitzt man idyllisch auf der Terrasse zur Leie. €€

De Blauwe Zalm ➡ bB2
Vrouwebroersstraat 2
✆ (09) 224 08 52
www.deblauwezalm.be
Tägl. 12–13.30 und 19–21.30, Sa/So und Mo mittag geschl.
In diesem schicken Fischrestaurant im Patershol hängt eine Lampe in Form einer Seekrake von der Decke. Frischer Fisch, z.B. blauer Lachs, wie der Name sagt, wird hier schmackhaft zubereitet. €€€

Pakhuis ➡ bC2
Schuurkenstraat 4
✆ (09) 223 55 55, www.pakhuis.be
Küche Mo–Do 12–14.30 und 18.30–23, Fr/Sa bis 24 Uhr, Bar Mo–Do bis 1, Fr/Sa bis 2 Uhr
In einem imposanten ehemaligen Lagerhaus mit Art-déco-Elementen kommen franko-italienische Brasserie-Küche und Meeresfrüchte auf den Tisch. Nett sitzt man auch oben auf der Empore. €€€

Cafés

Antwerpen:

Del Rey ➡ E5
Appelmansstraat 5–9
✆ (03) 470 28 61, www.delrey.be
Tägl. 10–18 Uhr
Im Salon neben der Patisserie werden Schokoladenträume wahr. Zum Kaffee oder als »Zeremonie« mit kleinem Schokoladenbrunnen kann man Hochwertiges und Frisches aus dem Atelier des Chocolatiers probieren.

Horta ➡ E5
Hopland 2, ✆ (03) 203 56 60
www.grandcafehorta.be
Tägl. 9–23.30, Küche 11–22, Fr/Sa 23.30 Uhr
In das große Jugendstilcafé mit imposanter Glasfassade integriert sind die gusseisernen Träger des Brüsseler Maison du Peuple des Jugendstilarchitekten Victor Horta, das in der Hauptstadt 1950 abgerissen wurde. Große Getränkeauswahl und vorzügliche Brasserieküche.

Brügge:

De Garre ➡ aD3
De Garre 1
✆ (050) 34 10 29, tägl. 12–1 Uhr
Gemütliches altes Steinhaus in einer Seitengasse, der Breydelstraat. Guter Kaffee aber vor allem – 130 Biersorten, fünf echte Trappistenbiere und vier Biere aus dem Zapfhahn, extra für das Haus gebraut. Zur letzten Runde läuft der »Bolero« von Ravel.

De Halve Maan ➡ aE3
Walplein 26
✆ (050) 44 42 22
www.halvemaan.be
Tägl. 11–16 Uhr, stündlich Führung (45 Min.), € 6
In der sympathischen großen Taverne der einzigen Brauerei, die in Brügges Zentrum noch braut, kann man das »Brugse Zot« oder das »Straffe Hendrik« probieren.

Tearoom de Proeverie ➡ aE3
Katelijnenstraat 5–6
✆ (050) 33 08 87
www.deproeverie.be
Di–So 9.30–18 Uhr
Verführerisches Gebäck, gute Tees und Kaffees, Schokolade und Milchshakes – perfekt für eine stilvolle kleine Pause.

Gent:

Boho ➡ bB2
Vrijdagmarkt 26
✆ (09) 336 30 34, www.boho.be
So–Do ab 9, Fr/Sa ab 8 Uhr
Tagsüber und abends beliebtes Szenecafé mit sympathischem Ambiente, hohen Decken und Terrasse. Im oberen Stockwerk können Gäste an acht Nähmaschinen arbeiten und es gibt regelmäßig Handarbeits-Workshops.

Het Oeverloze Eiland ➡ bB2
Oudburg 39
✆ (09) 234 32 00
Tägl. ab 14, So ab 11 Uhr
Nette Café-Bar mit gemütlicher Terrasse hinterm Haus. Großer Getränkeauswahl, auch viele Tees.

Julie's House ➡ bB2
Kraanlei 13
✆ (09) 233 33 90
www.julieshouse.be
Mi–So 9–18.30 Uhr
Julies hausgebackene Törtchen, Tartes und Patisserien sind ein unvergesslicher Genuss für Augen und Gaumen. Das Haus ist gemütlich wie ein Puppenhaus.

Café Spijker ➡ bC2
Pensmarkt 3
✆ (09) 329 44 40, tägl. 11–24 Uhr
Das Café in einem alten Kornspeicherhaus ist tagsüber und abends eine gute Adresse. Es hat eine nette Terrasse zur Innenstadt und eine zweite zur Leie. ■

Nightlife: Bars und Szenelokale, Jazzclubs, Diskotheken

Die meisten Clubs und Discos der drei Städte hat Antwerpen. Für Schwule und Lesben bietet das Fremdenverkehrsamt die Karte »Gay Antwerpen« mit vielen Adressen. Vor dem Clubbing findet man etliche Bars und Kneipen im historischen Zentrum. Zu den beliebtesten Ausgehvierteln zählen der Süden – **Het Zuid** ➡ F3/4 – und Zurenborg mit ein paar Szenebars und Brasserien um den Dageraadplaats.

In Brügge gibt es keine Diskotheken. Nachtschwärmer zieht es hier eher in kleine Bars, Estaminets oder auf die Terrassen der Restaurants an den Grachten. Jüngeres Publikum feiert am Eiermarkt und dem Platz t'Zand.

Die Studentenstadt Gent wiederum hat ein trubeliges Nachtleben. Am meisten ist während des Semesters donnerstags abends los. Im Juli verwandelt sich die gesamte Stadt bei den zehntägigen Genter Festen in eine Party- und Konzertmeile, in den Kneipen wird dann bis spät in die Nacht weitergefeiert. Bei schönem Wetter bevölkern die Studenten schon nachmittags 8 **Korenlei** und **Graslei** ➡ bB/bC2 an den Ufern der Leie und die Kneipen am Korenmarkt. Alternative kleine Bars, Musikkneipen, Gay-Bars und Clubs füllen sich zu späterer Stunde um die Jacobskirche und den Vlasmarkt. Natürlich lohnt auch ein Abstecher in die Studentenkneipen rund um den St.-Pietersplein, insbesondere in der Overpoortstraat.

Bars und Szenelokale

Antwerpen:

Appelmans ➡ E4
Papanstraatje 1, ✆ (03) 226 20 22
www.absinthbar.be
Tägl. 11.30 Uhr bis spät
Beliebte Bar auf drei Stockwerken eines renovierten Hauses aus dem 19. Jh. Nettes Ambiente zwischen Natursteinwänden. Cocktails und Absinth ab 17 Uhr, am Wochenende legen DJs auf.

Während der »Genter Festen« herrscht in Gent der Ausnahmezustand

Café den Beer ➡ C4
St.-Aldegondiskaai
Tägl. 11 Uhr bis spät
Gemütliches wenig touristisches Szene-Biercafé seit über 60 Jahren mit kleiner Terrasse gegenüber des MAS.

Berlin ➡ E4
Kleine Markt 1–3
www.brasserieberlin.be
Mo–Fr ab 8.30, Sa/So ab 10 Uhr
Brasserie, Bar und Musik-Café, Pendant zum Moskau in Zurenborg. Nettes Team an der Bar, gute Stimmung, ab und zu spielen Bands.

Café de Duifkens ➡ E4
Graanmarkt 5
✆ (03) 225 10 39
Tägl. 11–23.30 Uhr
Beliebter Szenetreff für Künstler und Theaterleute, um die Ecke vom Rubenshaus. Mit Terrasse und Bistroküche.

Café Hopper ➡ F3
Leopold de Waelstraat 2
✆ (03) 248 49 33
www.cafehopper.be
Tägl. 18–24 Uhr
Szenetreff und Kulturcafé in Antwerpens Süden. So 16 Uhr Live-Jazz und an vielen Wochentagen Live-Konzerte und Jam-Sessions ab 21–21.30 Uhr.

Eine regelrechte Institution: »De Vagant« mit 400 Genever-Sorten (Antwerpen)

Kathedraalcafé ➡ E4
Torfbrug 10
✆ (03) 289 34 66
Tägl. 11–23 Uhr
Fotogen ist dieses rustikal-originelle Café und Bierhaus auf zwei Stockwerken! Zwischen den vielen religiösen Statuen kommt man sich vor wie in einem zum Biertempel umfunktionierten Gotteshaus.

De Vagant ➡ E3
Reyndersstraat 21
www.devagant.be
Tägl. ab 11, So ab 12 Uhr
Rustikale Bar in der Nähe der Kathedrale mit 400 Genever-Sorten. Verkostung und Verkauf im Laden.

Wattmann ➡ G7
Tramplein 3
✆ (03) 230 55 40
www.wattmann.be
Nettes Viertelcafé mit guter Bistroküche im Stadtteil Zurenborg in einem historischen Eckhaus mit Terrasse.

Brügge:

Bar des Amis ➡ aD3
Eiermarkt 19
www.bardesamis.be
Tägl. ab 12 Uhr
Nette Snack-Bar mit Terrasse, füllt sich abends mit Feierlustigen.

't Brugs Beertje ➡ aD2
Kemelstraat 5
www.brugsbeertje.be
Do–Mo 11–1, Sa/So bis 2 Uhr
Urige Bierbar mit enormer Auswahl an belgischem Bier, beliebt bei Einheimischen und Touristen.

Cactus Musiekzentrum ➡ aE1
Magdalenastraat 27
www.cactusmusic.be
Kleines Kulturzentrum, organisiert das Cactus Musikfestival. Regelmäßig Live-Konzerte und DJ-Partys.

»'t Brugs Beertje« – reiche Auswahl an Gerstensaft

Herberg Vlissinghe ➡ aC3
Blekerstraat 2
www.cafevlissinghe.be
Mi–So ab 11 Uhr
Brügges älteste Bierbar geht auf das Jahr 1515 zurück und hat ein nostalgisches Ambiente. Netter großer Innenhof.

Joey's ➡ aD2
Zuidzandstraat 16 a
Tägl. ab 11.30 Uhr
Schummerige, kleine Bar mit Holztischen und Steinwänden. Treffpunkt der lokalen Musikerszene, denn Inhaber Stevie spielt in der Brügger Band Cajun Moon. Ab und zu Live-Musik.

Lucifernum ➡ aD3
Twijnstraat 6–8, Sa 21–2 Uhr
Originelle Cocktailbar im einstigen »Freimaurertreffpunkt« mit Latinomusik. Geheimtipp: Man muss möglichst früh klingeln, um hineinzukommen, es füllt sich schnell.

Café Pick ➡ aD3
Eiermarkt
www.cafepick.be, tägl. ab 18 Uhr
Clubbing, DJ-Partys und Snacks. Studentisches Publikum.

The Vintage ➡ aE2
Westmeers 13, www.thevintage.be
Mo–Sa 11–1, Sa/So bis 2, So ab 12 Uhr
Szenetreff und Bierbar im früheren De Dolle Dries. Die Einrichtung aus einer Schule aus den 1960/70er Jahren ist kultig nostalgisch retro. Schöne Terrasse für Sommerabende.

Gent:

Bar des Amis ➡ bB2
Vlasmarkt 5
✆ (09) 356 67 00, Mi–So ab 17 Uhr
Bei jungem Publikum beliebte Bar für Cocktails und Bier. Am Wochenende legen DJs auf, zu später Stunde wird auch getanzt.

Damberd Café ➡ bB2
Korenmarkt 19
✆ (09) 329 53 37, www.damberd.be
Mo–Fr 11–4, Sa ab 12, So ab 13 Uhr
Beliebtes Jazz-Café mit Terrasse. Ab und zu DJs und Live-Bands.

t'Dreupelkot ➡ bB2
Groentenmarkt 9
www.dreupelkot.be
Tägl. ab 16 Uhr
Der Wirt Pol ist ein Genter Original und verkauft in seiner kleinen urigen Kneipe über 200 Genever-Sorten, auch einige hausgemachte. Leer ist es hier nie, aber man kann auf die Terrasse am Wasser ausweichen.

Dulle Griet ➡ bB2
Vrijdagmarkt 50, ✆ (09) 224 24 55
www.dullegriet.be
Mo 16.30–1, Di–Sa 12–1.30, So 12–19.30 Uhr
In dieser urigen Bierkneipe mit Terrasse gibt es alle belgischen Trappistenbiere und ca. 200 belgische Biere vom »Gueuze« bis zum »Kriek«. Der Clou: Wer ein »Kwak« bestellt, hier als »Hausbier Max« bekannt, muss die Schuhe ausziehen. Sie werden in einem Korb an die Decke gehängt und man bekommt sie erst zurück, wenn man bezahlt hat.

Hot Club Gent ➡ bB2
Schuddevisstraatje/Groentenmarkt 15b
www.hotclubdegand.be
Tägl. ab 15 Uhr
Durch eine enge Brandgasse geht es zu dem beliebten Musik-Club mit Innenhof. Live-Musik-Programm auf der Webseite. Es wird oft sehr voll. Bei Konzerten kann man reservieren.

Mosquito Coast ➡ bB2
Hoogport 28
www.mosquitocoast.be
Di–Sa 11–spät, Küche 12–14 und 18–23 Uhr
Das Traveller-Café mit Mezzanine und Innenhof mit Bambus weckt Reiseträume. Karten, Fotos von Abenteurerreisen, Infos und Bücher gehören zur Deko. Oben sitzt man kultig in zwei Nischen aus Keramikmosaiken, die an Gaudí und den Parque Guëll in Barcelona erinnern. Auch kulinarische »Weltreisen« sind hier möglich.

The Pink Flamingo's ➡ bB2
Onderstraat 55, ✆ (09) 233 47 18
Tägl.ab 18, Sa/So DJs ab 22 Uhr
Die Lampe der kultigen Kitsch-Bar ist mit Barbiepuppen dekoriert. Es gibt Cocktails, Whiskys und stets ein neues belgisches »Bier des Monats«. Sympathischer Szenetreff.

Vooruit ➡ bD2
St.-Pietersnieuwstraat 23
www.vooruit.be
Tägl. ab 11.30, Küche 12.30–15 und 18–20.30 Uhr
Das Kunst- und Kulturzentrum hat ein angesagtes Café und ein abwechslungsreiches Programm: Konzerte, Punk, Rock, Jazz, Partys, Lesungen und Filme. Preiswerte, nicht nur bei Studenten beliebte Küche.

Het Waterhuis aan de Bierkant ➡ bB2
Groentenmarkt 9
www.waterhuisaandebierkant.be
Tägl. 11–2 Uhr
Das große Bierhaus an der Leie ist ideal, um belgische Starkbiere zu probieren. Kompetente Beratung durch die Kellner und rund 140 Biere. »Klokke Roeland« etwa gilt mit seinen 11 % als guter Schlaftrunk, also Vorsicht!

Jazzclubs

Antwerpen:

De Muze ➡ E4
Melkmarkt 15
Tägl. 11–4, ab 22 Uhr Live-Musik
Sympathisches Jazz-Café im Zentrum seit 1964.

Brügge:

Du Phare ➡ aA3
Sasplein 2
Bus 4
www.duphare.be
Tägl. außer Di ab 11.30 Uhr
Blues- und Jazz-Café in einem alten Brügger Haus. Leckere Couscous-Varianten.

Wijnbar Est ➡ aD2
Nordzandstraat 34
Do–Mo ab 17 Uhr
Weinbar im historischen Zentrum. Manchmal Live-Konzerte. Jazz, Blues u.a.

»De Muze« – Jazzcafé im Zentrum von Antwerpen

Gent:

Hotsy Totsy ➡ bB2
Hoogstraat 1, www.hotsytotsy.be
Mo–Fr 12–spät, Sa/So ab 20 Uhr
Im hinteren Teil des bekannten Cafés und Jazzclubs gibt es manchmal Ausstellungen. Live-Konzerte meist Di und Do.

Diskotheken

Antwerpen:

Café d'Anvers ➡ D4
Verversrui 15
www.cafedanvers.com
Do/Fr/Sa 23–7 Uhr
Club mit drei Bars auf zwei Etagen, sehr gut besuchte House-und Techno-Nächte.

Café Local ➡ F3
Waalsekaai 25, www.cafelocal.be
Di–Sa ab 22 Uhr, Eintritt € 5–10
Weltmusik, Salsa und Disco. Jeden letzten So im Monat Salsa, Do Tanzpartys (gratis), Sa House, Electro, Disco, Funk.

Dancing De Cinema ➡ D4
Lange Brilstraat 12, www.decinema.be
Fr/Sa ab 22 Uhr, Eintritt variabel
Black Groove, Soul, Techno. Letzter Sa im Monat Soirée »Femme Fatale«, Eintritt für Frauen frei.

Petrol Club ➡ G1
d'Herbouvillekaai 25
www.petrolclub.be
Fr/Sa ab 22 Uhr, Eintritt variabel
Beliebter Club an der Schelde, 2 km von Zuid entfernt. Konzerte und gute Mischung aus Reggae, Electro, Rock, und Drum & Bass.

Gent:

Charlatan ➡ bB2
Vlasmarkt 6
www.charlatan.be
Di–So ab 19 Uhr
Live-Musik und DJs ziehen ein tanz- und feierfreudiges Publikum in diese Konzert-Bar und Disco.

Club 69 ➡ bC3
Oude Beestenmarkt 5–6
www.club-69.be, Fr/Sa ab 22 Uhr
Netter Club drei Häuserblöcke hinter der St.-Jacobskirche. Cooles Design und sympathisches tanzfreudiges Publikum.

Culture Club ➡ bA3
Afrikalaan 174
www.cultureclub.be
Sa 23 Uhr bis spät, € 8,70, Programm an vielen weiteren Tagen
Gents große In-Disco hat eine imposante Beleuchtungsanlage und engagiert Top-DJs. Man sollte sich etwas stylen, um an den Türstehern vorbeizukommen. ■

Kultur und Unterhaltung: Konzert, Oper, Ballett, Theater, Kino, Tickets

Flandern hat kulturell sehr viel zu bieten, von Ballett über klassische Musik bis zu Theater von internationalem Rang. Daneben gibt es viele Kleinkunstbühnen und Konzertevents von Größen aus Pop, Jazz und Rock. Ein Blick in den Veranstaltungskalender lohnt immer.

Das Genter Tanzensemble »Les Ballets C de la B«, 1984 von Alain Platel gegründet, macht mit internationalen Gastspielen mit seinem anarchisch-eklektischen dynamisch-kreativen Stil Furore. Seit 2008 fördern Choreographen wie Christine De Smedt und Sidi Larbi im Tanzstudio S3 auf dem Gelände des Muziekcentrum de Bijloke Produktionen mit jungen, internationalen Nachwuchstalenten. Das NT Gent hat durch Eigen- und Koproduktionen europaweit einen Namen. Von Jan Fabre, der in Antwerpen lebt und arbeitet, sind über 30 kontroverse und teilweise provokative Tanz-, Theater- und Opernproduktionen weit über Flanderns Grenzen hinaus bekannt. Sein Ensemble Troubleyn hat seinen Sitz in einem kleinen Antwerpener Off-Theater, ist aber die meiste Zeit auf Tournée im Ausland. 1980 führte das Antwerpener Ankerrui Theater sein erstes Stück auf: »Theater geschreven met een K is een kater« (Theater geschrieben mit einem »K« ein Kater). Aus Antwerpen stammen auch die belgischen Rockbands dEUS und Zita Swoon. 2005 gelang dEUS in neuer Besetzung mit dem Album »Pocket Revolution« ein erfolgreiches Comeback. Stef Camil Carlens, der frühere Bassist und Sänger von dEUS, gründete 1990 in Antwerpen eine neue Band – den Namen Zita Swoon bekam sie erst 1997.

Stadsschouwburg in Antwerpen

Das Königliche Ballett von Flandern und die Vlaamse Opera arbeiten in Gent und Antwerpen zusammen und geben auch Gastspiele in Brügge. Die Königliche Philharmonie von Flandern spielt regelmäßig im Königin-Elisabeth-Saal und im deSingel in Antwerpen sowie im Genter De Bijloke und dem Concertgebouw in Brügge. Ein spannendes Konzert- und Eventprogramm bieten in Brügge auch das Biekorf, De Dijk, De Werf, der Magdalenazaal, Het Entrepot und der Joseph Ryelandtzaal.

Konzert, Oper, Ballett, Theater, Kino, Tickets

Antwerpen:

Augustinus Musikzentrum (AMUZ) ➡ E4
Kammenstraat 81
✆ (03) 292 36 80
www.amuz.be
Infos und Tickets Mo–Fr 12–18 Uhr
Antike und zeitgenössische klassische Musik in der zu einem Konzerthaus umgebauten barocken Augustinerkirche. Festival für Alte Musik und Polyphonie seit 1994.

Koningin Elisabethzaal ➡ E6
Koningin Astridplein 23–24
✆ 0900-260 00
www.fccc.be
www.defilharmonie.be
Der Konzertsaal am Zoo hat ein abwechslungsreiches Konzertprogramm und ist Spielstätte des Philharmonieorchesters von Flandern.

Stadsschwouwburg ➡ E4
Theaterplein 1
✆ (03) 229 18 28
Tickets 0900-699 00
www.stadsschouwburgantwerpen.be
Musiktheater, Opernauszüge und Musicals.

Vlaamse Opera ➡ E5
Frankrijklei 3
✆ (03) 233 66 85
www.vlaamseopera.be
Das Opernhaus von 1907 verfügt seit der Renovierung 2007 über die modernste Technik. Es hat 1500 Plätze und zeigt internationale Opern.

Koninklijk Ballet van Vlaanderen ➡ C4
Westkaai 16
✆ (03) 234 34 38
www.koninklijkballetvanvlaanderen.be
Das Königliche Ballett von Flandern, 1969 gegründet, derzeit geleitet von Kathryn Bennetts, hat internationales Renommée und erhielt 2009 den Laurence Olivier Award für »Outstanding Achievement in Dance«. Auf dem Programm stehen auch Gastspiele.

deSingel ➡ H4
Desguinlei 25
Tram 2 (Desingel)
✆ (03) 248 28 28, www.desingel.be
Top-Adresse für Theater, modernen Tanz und klassische Musik mit zwei Sälen. In dem modernen Gebäude haben u.a. das Antwerpener Konservatorium, der internationale Kunstcampus und das Flämische Architekturinstitut ihren Sitz.

Theater t'Eilandje ➡ C4
Nassaustraat 21
✆ (03) 231 31 31
Das Theater (302 Plätze) am Antwerpener Hafen ist Sitz und zweite Spielstätte des Königlichen Balletts von Flandern.

Troubleyn Jan Fabre ➡ E6
Pastorijstraat 23
✆ (03) 201 13 00
www.troubleyn.be

Das kleine Theater mit zwei Sälen liegt im Viertel Seefhoek, aus dem Jan Fabre stammt. Es fördert Nachwuchskünstler und die soziale Integration und ist der Sitz des Ensembles Troubleyn.

Zuiderpershuis ➡ F3
Waalse Kaai 14
✆ (03) 248 01 00
www.zuiderpershuis.be
Internationales Zentrum für Musik, Tanz und Theater außereuropäischer Kulturen. In den Gebäuden eines ehemaligen Elektrizitätswerks mit großem und kleinem Saal, Ateliers, Terrasse und multifunktionalen Sälen.

Cartoon's ➡ D3
Kaasstraat 4–6
✆ (03) 232 96 32
www.cartoons-cinema.be
Programmkino mit vielen ausländischen Filmen im Original und nettem Café. Mo Kinotag.

Brügge:

Concertgebouw ➡ aE2
't Zand 34
✆ (050) 47 69 99

Das moderne Concertgebouw in Brügge

www.concertgebouw.be
Brügge bekam sein modernes Konzerthaus als es 2002 Kulturhauptstadt war. Es hat einen großen Konzertsaal für Konzerte (1300 Plätze) internationalen Rangs und einen Kammermusiksaal (300 Plätze). Blick über Brügges Dächer vom Café im 7. Stock. Im Programm: klassische Musik, Jazz und Musiktheater.

Stadsschouwburg ➡ aD3
Vlamingstraat 29
✆ (050) 44 30 60
Der gut erhaltene Bau von 1869 beherbergt das Cultuurcentrum Brugge (www.ccbrugge.be). Tanz, Theater und Konzerte aus nationaler und internationaler Produktion.

Cinema Lumière ➡ aC2
St.-Jakobsstraat 36
✆ (050) 34 34 65, www.lumiere.be
Programmkino, zeigt ausländische Filme im Original und veranstaltet das Filmfestival Cinema Novo.

Gent:

Handelsbeurs Concertzaal ➡ bC2
Kouter 29
✆ (09) 265 91 65
www.handelsbeurs.be
Klassische und zeitgenössische Musik, Rock, Pop und Weltmusik. Historischer Saal. Die nette Brasserie ist beliebt.

De Bijloke ➡ bD1
Bijlokekaai 7
✆ (09) 233 68 78
www.debijloke.be
Das moderne Musikzentrum im Gebäudekomplex eines ehemaligen mittelalterlichen Krankenhauses hat eine Konzerthalle mit schöner gewölbter Eichenholzdecke. Abwechslungsreiches hochkarätiges Konzertprogramm. Das Studio S3 ist Sitz von »Les Ballets

C de la B« und organisiert Sommerworkshops für Nachwuchskünstler.

Vlaamse Opera ➡ bC2
Schouwburgstraat 3
✆ (09) 268 10 11
www.vlaamseopera.be
Der prunkvolle Bau mit dem italienischen Theater (drei Salons) wurde dem Architekten Louis Roelandt im 19. Jh. von reichen Industriellen in Auftrag gegeben. Seit 2002 erstrahlt er wieder in alter Pracht. Oper, Konzerte, Gastspiele des Königlichen Balletts von Flandern und aus dem Ausland.

Capitole ➡ bD3
Graaf van Vlaanderenplein 5
✆ (09) 233 03 88
www.capitolegent.be
Musiktheater, Comedy, Fernsehshows, klassisches Ballett und Konzerte in einem restaurierten alten Kino.

NT Gent Schouwburg
– Theater: St. Baafsplein 17 ➡ bC2
– Saal Minnemeers: Minnemeers 8 ➡ bB2
– Saal Arca: St.-Widostraat 4 ➡bB2
✆ (09) 225 01 01
www.ntgent.be
Gents Theaterensemble NT Gent besteht seit 1965 und ist durch zahlreiche Gastspiele in Deutschland bekannt. Es hat in Gent drei Spielstätten, Minnemeers ist zugleich Dekoatelier und Proberaum.

Campo ➡ bB3
– Nieuwpoort 31
– Fratersplein 31 ➡ bA2
– Bomastraat 36 ➡ bA3
✆ (09) 233 00 00
www.campo.nu
Das seit 2008 bestehende Kunstzentrum, ein Zusammenschluss der drei Campo-Theater Nieuwpoort, Victoria und Boma ist bekannt für sein unkonventionelles Programm.

Kopergietery ➡ bB3
Blekerijstraat 50
✆ (09) 225 18 60
www.kopergietery.be
Theater, Tanz, Musik in einer ehemaligen Fabrik. Spricht mit Eigenproduktionen und Gastspielen ein junges Publikum an.

Minardschouwburg ➡ bC2
Walpoortstraat 15
✆ (09) 265 88 30
www.minard.be
Das inzwischen moderne Theaterhaus ist die Wiege des Genter Volkstheaters, das seine Stücke (auf Flämisch) auch am NT Gent, im Vooruit und Campo zeigt.

Tinnenpot ➡ bB1
Tinnenpotstraat 21
✆ (09) 225 18 60
www.tinnenpot.be
Theater und Cabaret im Prinsenhof. Acht Säle, gemütliche rote Stühle. Eigene Produktionen und Gastspiele.

Studio Skoop ➡ bC3
St.-Annaplein 63
✆ (09) 225 08 45
www.studioskoop.be
Programmkino mit vier Sälen und Café.

Tickets
Tickets bekommt man bei **Tourismusämter** der Städte, an der **Abendkasse** oder, oft billiger, im Vorverkauf bei der **Fnac**, Ticketline ✆ 0900 00 600 (€ 0,45/Min.) oder unter **www.fnac.be.**

Ticketshops der Fnac
– **Antwerpen**, Groenpl. 31 ➡ E4
– **Brügge**, Markt 18–19 ➡ aD3
– **Gent**, Veldstraat 88 ➡ bC2
Mo–Sa 10–18.30, Fr bis 19 Uhr

Antwerpen Info Cultuur
Grote Markt 13
✆ (03) 338 95 85
www.infocultuur.be
Di–Fr 10–17.45, Sa 12–17 Uhr ■

Shopping: Patisserie, Schokolade, Schmuck, Mode, Spezialitäten, Geschenke, Spitze

Pralinen, Schokolade, Schmuck und Mode verlocken in den flämischen Kunststädten. Den Weltruf als Modemekka verdankt Antwerpen den sechs Absolventen der Antwerpener Modeakademie Ann Demeulemeester, Dries van Noten, Dirk van Saene, Dirk Bikkembergs, Marina Yee und Walter van Beirendonck. Seit sie in den 1980ern mit ihren Kreationen auf den Pariser Laufstegen brillierten, traten bereits etliche Nachwuchstalente in ihre Fußstapfen. Designermode bieten viele elegante Geschäfte in der Nationalestraat und schrillere in der Kammenstraat. Das Fremdenverkehrsamt verteilt die »Antwerp Shopping Map« mit den Adressen der Trendshops. Verzeichnet ist auch die Adresse der belgischen Luxusledertaschenmarke

Märkte

Antwerpen

Obst- und Gemüse, Theaterplein, Sa 8–16 Uhr. **Antiquitätenmarkt** am Lijnwaadmarkt Ostern–Okt. Sa 9–17 Uhr; **St.-Jansvliet**, März–Okt. So 9–17 Uhr. **Vogelmarkt**, Theaterplein, So 8–13 Uhr.

Brügge

Fischmarkt, Di–Sa vormittags. Seit 1821 frischer Fisch, Meeresfrüchte und Schnecken. **Wochenmarkt**, **Grote Markt**, Mi vormittags; **Beursplein** und **t'Zand**, Sa 8–13 Uhr. **Flohmarkt** am Dijver, April–Okt. Sa/So 10–18 Uhr.

Gent

Antiquitäten- und Flohmarkt, St. Jacobs- und Beverhoutplein Fr/Sa/So 8–13 Uhr. **Blumenmarkt**, Kouter, tägl. 7–13 Uhr; **Ledebergplein**, So 7.30–13 Uhr. Mit Austernstand und Kapelle im Pavillon. **Wochenmarkt**, Vrijdagmarkt, Fr vormittags; **St.-Michielsplein**, So 7.30–13 Uhr. **Kunsthandwerk** , Veerleplein, März–Okt. Sa/So 10–18 Uhr. **Vogelmarkt**, Vrijdagmarkt, So 7–13 Uhr.

Flohmarkt unter Linden am Dijver in Brügge

Delvaux. In der Fußgängerzone Meir reihen sich internationale Markenläden. Brügges Angebot ist vergleichsweise überschaubarer, was jedoch nicht für die 48 Chocolatiers zutrifft, darunter auch Shooting- und Fernsehstar Dominique Persoone. Und Geschäfte für *Kanten,* handgearbeitete Spitze, sind hier stärker verbreitet.

Gent hat weitläufige Fußgängerzonen und zahlreiche Geschäfte. Süßes, Senf, Bier und Spezialitäten wie die Genter *Neuzen* (Nasen) eignen sich als Mitbringsel. Temmermann und **Julie's House** ➡ bB2 sind die besten Adressen für Vernaschte. Designermode aus Antwerpen hängt auch in Gent in den Schaufenstern. Genter Designer sind Eva Bos, Ria Dewilde und Murielle Scherre mit ihrer Lingerie-Kollektion »La Fille d'O«.

Verführerisches aus Schokolade: The Chocolate Line Antwerpen

Antwerpen

Patisserie, Schokolade:

Burie ➡ E4
Korte Gasthuisstraat 3
www.chocolatier-burie.be
Diamanten und andere Schokokreationen.

The Chocolate Line ➡ E4
Paleis op de Meir 50
✆ (03) 206 20 30
www.thechocolateline.be
Di–Sa 9.30–18.30, So, Mo 10.30–18 Uhr
Brügges junger Schokoladenpabst Dominique Persoone verkauft in dem ehemaligen Palast von Napoleon erlesene Schokokreationen.

Goossens ➡ G5
Isabellalei 6
www.goossens-chocolatier.com
Diamanten. Antwerpener Hände und eine Box mit Pralinen, Händen und Elixier d'Anvers.

Günther Watté ➡ E3
Steenhouwersvest 30
www.watte.be
Hausgemachte Pralinen. Neben Verkauf auch Schokoladencafé.

Kleinblatt ➡ F6
Provinciestraat 206
www.kleinblatt.be
So–Do 6–18.30, Fr bis 16 Uhr
Antwerpens bekannteste jüdische Bäckerei. Anfang des 19. Jh. von Jacob Kleinblatt gegründet.

Philips Biscuits ➡ E4
Korte Gasthuisstraat 11
✆ (03) 231 26 60
Köstliche Spekulatius, Pfefferkuchen und gebackene »Antwerpener Hände«.

Schmuck:

Diamondland ➡ E5
Appelmansstraat 33 a
✆ (03) 229 29 90
www.diamondland.be
Führungen Mo–Fr 11 Uhr
Der einzige Showroom des Diamantenviertels mit ca. 1500 Schmuckstücken renommierter Juweliere.

Shopping in Antwerpen in außergewöhnlichen Läden für Wohn- und Mode-Accessoires

Jewel in a Box ➡ E4
Schuttershofstraat 34
✆/Fax (03) 289 56 10
www.jewelinabox.be
Rare, originelle und wertvolle Stücke. Alten Schmuck kann man von Juwelier J. Katz schätzen und verkaufen lassen und bekommt ein Zertifikat über den Wert und die Echtheit.

Nico Taeymans ➡ E4
Korte Gasthuisstraat 23–26
✆ (03) 231 82 18
www.nicotaeymans.com
Künstlerischer Designerschmuck. Geschäft in Brügge (St.-Amandstraat 15).

Pascale Masselis ➡ D4
Zirkstraat 42
www.pascalemasselis.be
Die Schmuckdesignerin hat das Interieur ihres Ladens mit 1000 Schubladen für Knöpfe in Paris gekauft. Alle Schmuckkreationen stammen aus dem eigenen Atelier.

Wouters & Hendrix ➡ E4
Lange Gasthuisstraat 13 a (für Silber), 13 b (für Gold)
www.wouters-hendrix.com
Zwei Goldschmiedinnen kreieren hier seit 25 Jahren zwei Kollektionen im Jahr. Auch Modeschmuck aus Sterling Silber unter dem Label »My favourite Line«.

Mode:

Alex Schrijvers ➡ E4
Everdijstraat 8
www.alexschrijvers.be
Selbst entworfene, zeitlose Taschen und Schuhe mit verspieltem Touch, u. a. aus Fisch- und Kabeljauleder. Sehr originell und hochwertig. Material und Produktion komplett belgisch.

Ann Demeulemeester ➡ B2
Populierenlaan 34
www.anndemeulemeester.be
Die »Grunge-Look«-Boutique der berühmten Modedesignerin.

Baby Beluga ➡ F3
Volksstraat 1
www.babybeluga.be
Atmosphärischer Laden, wundervolle individuelle Mode.

Coccodrillo ➡ E4
Schuttershofstraat 9
www.coccodrillo.be
Designerstore für Schuhe, Kleidung, Accessoires.

Ganterie Boon ➡ E4
Lombardenvest 2–4
www.glovesboon.be
Im Traditionsgeschäft von 1884 findet sich leicht der passende Lederhandschuh.

Fish & Chips ➡ E4
Kammenstraat 36
Bunter Store für Kleidung und

Accessoires von Eastpak, Carhartt, Die For It, Dickies, Entnies, Paul Frank, Criminal Damaage u.a.

Graanmarkt 13 ➡ E4
Graanmarkt 13
www.graanmarkt13.be
Designerstore mit großer Auswahl und sympathischem Ambiente. Im Haus befindet sich auch ein Restaurant.

Maison Anna Heylen ➡ E4
Lombardenstraat 16
www.annaheylen.be
Schicker Shop, im Atelier der Modedesignerin wird maßgeschneidert.

Renaissance ➡ E3
Nationalestraat 28
www.renaissance-antwerp.com
Riesiger Designershop für Männer und Frauen.

Walter ➡ E3
St.-Antoniusstraat 12
www.waltervanbeirendonck.com
Do–Sa 11–18.30 Uhr
Kultige Designermode für Männer und Frauen im Flaggstore von Walter Van Beirendonck, dem Exzentriker der Antwerpener Sechs. Auch Online-Shop.

Brügge

Schokolade:

The Chocolate Line ➡ aD3
Simon Stevinplein 19
✆ (050) 34 10 90
www.thechocolateline.be
Di–Sa 9.30–18.30, So/Mo 10.30–18.30 Uhr
Seit 1992 macht Brügges romantischer Laden für Pralinen und Schokolade Schlagzeilen. Inhaber Dominique Persoone ist in Belgien inzwischen ein kulinarischer Fernsehstar (www.njam.tv). (siehe auch unter Antwerpen S. 63).

Sukerbuyc ➡ aE3
Kateljinestraat 5, ✆ (050) 33 08 87
www.sukerbuyc.be
Renommierter Familienbetrieb mit dem schönen Namen »Schokoladenbauch« seit über 30 Jahren. Gegenüber in De Proverie kann man die hausgemachten Pralinen verkosten.

Spitzeklöppeln hat in Flandern eine jahrhundertealte Tradition

Delikatessen:

D's Deldycke ➡ aD3
Wollestraat 23
✆ (050) 33 43 35
www.deldycke.be
Feinkostladen und Traiteur mit Produkten aus Flandern und internationalen Gourmet-Artikeln. Auch Weine.

Geschenke und Spitze:

De Munt ➡ aD2
Muntplein 2
✆ (050) 33 25 71, www.munt.be
Porzellan, Geschenke, Antiquitäten, Dekoartikel in einem großzügigen Bürgerhaus.

Point de Rose ➡ aD3
Wollestraat 27
✆ (050) 34 53 84
www.pointderose.be
Gut sortierter Laden für Spitze (Kanten) und Tapisserie.

Mode:

L'Héroïne ➡ aD2
Nordzandstraat 32
www.lheroine.be
Mode der Antwerpener »Sechs« und weiterer belgischer Modeschöpfer.

Olivier Strelli ➡ aD3
Eiermarkt 3
✆ (050) 34 38 37
www.strelli.be
Boutique des bekannten belgischen Modedesigners Nissim Israël.

Lokale süße Leckereien aus Gent: Temmermann

Gent

Schokolade:

Daskalidès ➡ bC2
Henegouwenstraat 1
– **Chocolate Room** ➡ bB2
Vrijdagmarkt 11
www.daskalides.be
Der griechische Emigrant eröffnete 1931 in Gent sein erstes Geschäft für Pralinen. Sein Neffe besitzt die bekannte Kette Leonidas. Im Angebot: Pralinen und Maccarons.

Van Hecke ➡ bC2
Koestraat 42
www.chocolaterievanhecke.be
Tägl. außer Mi 9.30–18 Uhr
Hausgemachte feine Pralinen seit vier Generationen.

Van Hoorebeke ➡ bC2
St.-Baafsplein
✆ (09) 221 03 81
Renommierte hausgemachte Pralinen und Schokolade in einem Jugendstilgeschäft.

Mode:

Eva Bos ➡ bC3
Vlaanderenstraat 66
Mo geschl.
Einzigartiges Vintage-Sortiment aus eigener Kollektion à la Pariser Schick der 1950er- und 60er-Jahre. Accessoires, Schmuck und sexy Schuhe.

Geschäft des Senfherstellers »Tierenteyn« am Groentenmarkt in Gent

Maaike Kleedt ➡ bB2
Zuivelbrugstraat 8
www.maaikekleedt.be
Ausgefallene und erschwingliche Frauenmode.

Mc Gregor ➡ bC2
Kortedagsteeg 12
www.mcgregor-fashion.com
Mode für Männer und Frauen aus New York in einer alten Kapelle.

Obius ➡ bB2
Meerseniersstraat 4
www.obius.be
Schuhe, Accessoires, Parfums und Designermode für Männer und Frauen von Dries Van Noten, Ann Demeulemeester, Dirk Bikkembergs u. a.

Sjapoo ➡ bB2
Sluizeken 29
www.sjapoo.be
Modeboutique der Hut-Designerin Ria Dewilde. Das Atelier ist hinter dem Laden mit Kreationen belgischer und französischer Designer.

Zoot ➡ bB2
Serpentstraat 8
www.zootcostumiers.be
Hübsche Modedesignerboutique, etwas Vintage, etwas retro.

Spezialitäten:

Brauerei Gruut ➡ bC2
Grote Huidevettershoek 10
✆ (09) 269 02 69
www.gruut.be
Mo/Di 11–17, Mi–Sa 11–1, So 15–19 Uhr, Führung plus drei Bierkostproben € 7, plus kleine Mahlzeit € 12
Statt mit Hopfen wird das besonders gesunde »Gruut« mit Kräutern gebraut. Die Varianten, die es gibt, nennen sich Brune, Blonde, Blanche und Inferno. Die Brauerin ist Ostflanderns einzige akademisch ausgebildete Braumeisterin: Annick De Splenter.

Temmermann ➡ bB2
Kraanlei 79
Mi–Sa 11–18 Uhr
Süße lokale Spezialitäten in einem barocken Haus: Ruitjes, Poepkes, Punaizen u.v.m.

Tierenteyn ➡ bB2
Groentenmarkt 3
www.tierenteyn-verlent.be
Pittoreskes und traditionsreiches Senf-Geschäft mit Apothekerschränken. Große Auswahl aus der eigenen Fabrik und Importe. ■

Mit Kindern in der Stadt: Antwerpen, Brügge

In allen drei Städten fahren Pferdekutschen, was die meisten Kinder begeistert. In Brügge ist die Kutschfahrt durch die malerischen Gassen vielleicht am schönsten, zumal die Pferde vor dem Beginenhof eine Pause, einen Eimer Wasser und etwas Hafer bekommen. Ebenso schön ist eine Bootsfahrt. Während in Brügge und Gent kleine Boote durch enge Grachten und Kanäle tuckern, lädt der **Hafen** von Antwerpen zu einer spektakulären Hafenrundfahrt ein, bei der man beim Abladen der großen Containerseeschiffe zuschauen kann.

Wer mit Kindern durch Antwerpen, Brügge oder Gent bummelt, wird nachts von Pralinen und Schokolade träumen. Ob im Antwerpener **Paleis op de Meir** ➜ E4, im **Sukerbuyc** ➜ aE3 in Brügge oder bei **Van Hoorebeeke** zu Füßen der Genter Kathedrale – sie dürfen bestimmt probieren und an der Theke statt der Eltern das Sortiment für die Schachtel Praline für Praline auswählen. Bei vielen Chocolatiers kann man hinter den Kulissen zuschauen, wie die Schokolade in Formen gegossen wird. Familienfreundlich ist auch **El Rey** ➜ E5 in Antwerpen, wo Schoko-Träume und Schoko-Brunnen auf den Caféhaustisch kommen.

Auch die Museumslandschaft bietet Kindern Spannendes. Interaktives und Rolltreppen mit tollem Ausblick sprechen Kleine und Große im 3 **MAS** ➜ C4 an. Im Genter **Belfort** ➜ bC2 gibt es Drachen und Glocken zu bestaunen und einen Aufzug, während Brügges Pendant abenteuerlich enge Treppen hat und schon ein wenig mehr erobert sein will. **Burg Gravensteen** ➜ bB2 bietet ebenfalls eine schöne Aussicht, audiovisuelle Rittergeschichten, viele Treppen und Möglichkeiten zum Laufen und Klettern. Im 10 **STAM** ➜ bD1 in Gent gibt es genügend weiße Legosteine, um riesige Türme zu bauen. Imposante Beispiele aus der lokalen Skyline stehen schon. Und warum nicht einmal ins Antwerpener **Marionettentheater** ➜ E4. Es wird zwar breitester Dialekt gesprochen, aber die Handlung ist leichte Kost mit tieferem Sinn.

Antwerpen

Aquatopia ➜ E6
Koningin Astridplein 7
www.aquatopia.be
Tägl. 10–18 Uhr
Eintritt € 13,95, Kinder 3–12 J./Sen. € 9,50
Aquarium mit 10 000 Fischen und Meerestieren.

Containerhafen Antwerpen

Fritkot Max ➜ E4
Groenplaats 12
www.fritkotmax.be
Tägl. 12–24 Uhr
Seit 1842 werden hier belgische Fritten verkauft. Eine Institution mit Terrasse am Platz. Die Saucen kann man auch separat bestellen – à part. Kleines Museum oben im Haus.

PiratenEiland ➜ C4
Kribbestraat 12
✆ (03) 213 50 60
www.pirateneiland.be
Öffnungszeiten siehe Website
Eintritt 2–12 J. € 9, Erw. frei
Fantasievoller Piratenspielplatz mit Schiff, Racebahn und Bauzone in einem alten Lagerhaus.

Hinter dicken Gläsern: Haie im Aquatopia

Poppenschwowburg Van Campen ➡ E4
Lange Nieuwstraat 2
www.van-campen.be
Programm (15 Uhr) Kinder 4–11 J. € 8,50
De Neus (die Nase), *de Bult* (der Buckel), *de Schele* (der Schielende) und *Belleke* (die Schöne) heißen bekannte Antwerpener Marionetten. Sie werden mit zwei Stangen geführt.

Zoo ➡ E6
Koningin Astridplein 26
www.zooantwerpen.be
Tägl. ab 10 Uhr, Nov.–Feb. bis 16.45, März/April und Okt. bis 17.30, Juli/Aug. bis 19, Sept. bis 18 Uhr
Eintritt Erw. € 21, Kinder 3–17 J. € 17, Sen. € 14, Kombiticket Zoo und Planckendael (Schlangenhaus) € 26/21
Über 5000 Tiere auf 10 ha Fläche. Eines der ältesten Gebäude ist das Elefantenhaus von 1856 im Stil eines ägyptischen Tempels. Flusspferde und Sumpfvögel sind im Hippotopia von 2003 untergebracht und die Königspinguine leben auf dem Vriesland.

Brügge

Choco-Story ➡ aC3
Wijnzakstraat 2
✆ (050) 61 22 37
www.choco-story.be
Tägl. 10–17 Uhr
Eintritt € 7, Kinder 6–11 J. € 4, Kombiticket mit Frittenmuseum und Lumina Domestica mit über 6000 alten Lampen € 11/6
Geschichte und Herstellung der Schokolade mit Vorführung und Kostprobe. Kinder können bei einem Aufkleberspiel etwas gewinnen.

Frietmuseum ➡ ac3
Vlamingstraat 33
✆ (050) 34 01 50
www.frietmuseum.be
Tägl. 10–17 Uhr
Eintritt € 6, Kinder 6–12 J. € 4
Das kultige Frittenmuseum zeigt von der Pfanne bis zur Frittenbude alles rund um die Fritten. Im Snack im Keller gibt's leckere, frisch geschnitzte Pommes.

Boudewijn Seepark ➡ cB3
Alfons de Baeckestraat 12
8200 St.-Michiels
Bus 4, 7, 17
www.boudewijnpark.be
Tägl. 10–18 Uhr
Eintritt € 23,50, bis 11 J. € 19,50, bis 1 m € 5, unter 85 cm frei
Meerespark mit vielen Attraktionen, Fahrgeschäften, Seehunden, Delfinshows und vielem mehr. ■

Erholung und Sport: Parks, Radfahren, Schwimmen

Nachtegalenpark, Vogelenzangpark (Spielplatz und kleiner Tierpark), **Den Brandt** und **Middelheimpark** ➡ J4/5, mit über 300 Open-Air-Skulpturen, bilden im Süden von Antwerpen gemeinsam eine Fläche von 90 ha. Mit 14 ha ist der **Stadspark** ➡ E/F5 im Zentrum die größte Grünfläche. Aber auch die Ufer der Schelde bieten Möglichkeiten zum Relaxen. Der Fußgängertunnel (572 m lang) Sainte-Anne führt vom Zentrum auf die gegenüberliegende Seite der Schelde mit schönem Blick auf die Stadt. 1 km nördlich liegt der **St.-Annastrand** ➡ B1/2, erholsam, aber zum Baden nicht geeignet. Im Sommer lädt das Freibad **De Molen** ➡ C3 zum Baden und Abkühlen ein.

Brügges schönster Park ist der **Minnewaterpark** ➡ aF3 rund um den Beginenhof. Zwischen dem Bahnhof und dem Platz 't Zand liegt der **Koning Albertpark** ➡ aE2. Der **Koningin Astridpark** ➡ aD3/4 ist eine kleine grüne Oase im Zentrum an der Minderbroedersstraat. Im Stadtpark **Sebrechts** ➡ aD2 etwas außerhalb zwischen Oude Zak und Beenhouwersstraat sind regelmäßig Skulpturenausstellungen. Brügge hat drei Hallenbäder und im Sommer kann man in Zeebrügge (4 km) am Meer baden.

In Gent ist der **Freizeitpark Blaarmeersen** ➡ cB3 für Sportler und zum Baden am attraktivsten. Die Webseite des Fremdenverkehrsamt bietet Infos zu Hallenbädern und u.a. der Top-Sporthalle mit Sporthotel. Die Stadt hat zwei Broschüren (nur auf Niederländisch) für vier Radtouren zwischen 10 und 25 km Länge in Gent und Umgebung entwickelt. Interessierte können die Routenkarten herunterladen unter www.visitgent.be, Radfahren als Suchbegriff eingeben.

Parks, Radfahren, Schwimmen

Antwerpen:

Stadspark Rubenslei ➡ E/F5
Der mit 14 ha größte Park im Zentrum liegt in der Nähe des Hauptbahnhofs zwischen Rubenslei, Van Eycklei und Quinten Matsijslei. Die Parkanlage ist ein Rest des Fort Herental, einer Vorfestung der Stadtmauer aus dem 16. Jh. Zwischen viel Grün und alten Bäumen erinnern Denkmäler an die beiden Weltkriege und ein Bunker ist auch noch übrig.
Während des Neujahrsfestes Rosh ha-Schana (Ende Sept./Anfang Okt.) versammeln sich die orthodoxen Juden aus dem angrenzenden Judenviertel um den Teich und werfen Brot ins Wasser, um symbolisch die Sünden des vergangenen Jahrs zu versenken.

Plantentuin (Botanischer Garten) ➡ E4
Leopoldstraat 24
Tägl. geöffnet
Eintritt frei
2000 Pflanzenarten (mit botanischen Namen beschildert) im ehemaligen Kräutergarten des mittelalterlichen St.-Elisabethgasthuis, dem heutigen Kultur- und Kongresszentrum Elzenveld.

Den Brandt ➡ cB4
Acacialaan, 2610 Wilrijk
Im August ist der Schlosspark Schauplatz für das Festival Jazz Middelheim. Das Bunker-Museum öffnet am 1. Wochenende des Monats.

Rivierenhof ➡ cB4
Turnhoutselaan 232, 2100 Deurne
Tägl. 6–23 Uhr, Eintritt frei
Saisonale Blumenpracht aus Azaleen, Kamelien und Rosen. Im großen Amphitheater gibt es häufig Open-Air-Konzerte.

Freibad De Molen ➡ C3
Wandeldijk 40
✆ (03) 219 10 36, Eintritt € 4/2
Ein Becken für Kinder und ein 50-m-Becken für Erwachsene.

Brügge:

Minnewaterpark ➡ aF3
Wijngaardplein 1
Brügges romantischer Park am Minnewater, dem »Liebessee« lädt zum Flanieren und Träumen ein. Im Sommer finden hier regelmäßig Freilichtkonzerte statt. Und abends, wenn die Schwäne bereits schlafen, sitzen hier gern Liebespaare im Gras oder am Wasser. Auf der kleinen Brücke darf man sich in Gedenken an Minna und Morin etwas wünschen (s. S. 25).

Quasimundo Bike Tours
Nieuwe Gentweg 5
✆ (050) 33 07 75
www.quasimundo.eu
Geführte Radtouren in die Umgebung und zu den Windmühlen. Weitere Anbieter und Adressen für Leihfahrräder auf der Webseite des Fremdenverkehrsamts.

Gent:

Citadelpark ➡ bE1/2
Dieser Park im Kunstenkwartier mit dem Museum für Schöne Künste und dem S.M.A.K. (Museum für zeitgenössische Kunst) wurde für die Weltausstellung von 1913 angelegt. Er hat einen Weiher mit Wasserfall und einen Spielplatz.

Plantentuin (Botanischer Garten) ➡ bE2
K.L. Ledeganckstraat 35

Frühling im Minnewaterpark in Brügge

www.plantentuin.ugent.be
Mo–Fr 9–16.30, Sa/So 9–12 Uhr
Führungen 1. So des Monats
Eintritt frei
Pflanzenliebhaber können hier 10 000 verschiedene Arten bewundern.

Sport- und Freizeitpark Blaarmeersen ➡ cB3
Zuiderlaan 5, ✆ (09) 266 81 70
www.blaarmeersen.be
Neben dem Baden im See mit Liegewiese und einem Campingplatz viele Möglichkeiten für Sportler: Surfen, Wasserski, Fußball, Tennis, Squash und Minigolf. Es gibt auch eine Leichtathletikbahn, eine Rollschuhbahn, einen Skaterpark und mehrere Cafés.

Schwimmbad Van Eyck ➡ bC3
Veermanplein 1
✆ (09) 235 27 40, www.gent.be
Mo–Fr 7.30–8.30, 12–13.30, 16–17.30, 18.22.30 Uhr; Sa 9–17.30, 18–21, So 9–13, 13.30–17.30 Uhr
Das schöne, helle Art-déco-Bad wurde 2001 renoviert. Es ist öffentliches Bad und Schwimmbad und zu bestimmten Tageszeiten für Schulkinder reserviert. Die Bar im ersten Stock bietet einen schönen Blick auf das Bad und den Jachthafen. ■

Daten zur Geschichte der flämischen Kunststädte

Geflaggt: die Burg der Grafen von Flandern in Gent

Flandern hat eine bewegte Geschichte, und insbesondere die Städte versuchten, unter den ständig wechselnden Herrschern ihre Identität und Eigenständigkeit so weit wie möglich zu bewahren. Das permanente Hin und Her zwischen Engländern, Franzosen, Spaniern und der österreichischen Linie der Habsburger erklärt die kulturellen Einflüsse und den inzwischen längst wieder aufgeholten wirtschaftlichen Niedergang nach der Blütezeit im 15. und 16. Jh. Die jahrhundertelange Zerrissenheit der Regionen auf dem heutigen belgischen Staatsgebiet ist auch die Wurzel des Konflikts zwischen Flamen und Wallonen, der bis heute weiter schwelt und einer der Gründe ist, warum Belgien seit 2009 keine Regierung bilden konnte und Zyniker schon die komplette Auflösung des Landes voraussehen. Dennoch sind die flämischen Kunststädte heute reich an Kultur, Lebensfreude und voller, auch für Touristen spektakulärer Zukunftsprojekte.

1.–3. Jh. v. Chr. Cäsar erobert bis 56. v. Chr. Gallien. Ausgrabungsfunde lassen ab dem 2. Jh. auf gallo-römische Siedlungen in der Provinz »Gallia Belgica« schließen. Fränkische Salier wandern in das Gebiet des heutigen Belgien ein und die Christianisierung prägt die folgenden Jahrhunderte.

Ansicht von Brügge auf einem Kupferstich von Georg Braun und Frans Hogenberg (Köln, um 1572)

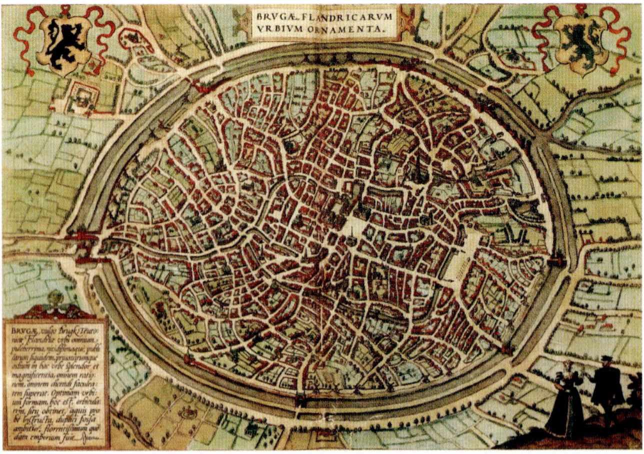

Der Genter Altar (1432), das berühmteste Werk der Brüder van Eyck

4. Jh.	Zusammenbruch des römischen Reichs und Beginn der Merowingerzeit.
7.–8. Jh.	Die Karolinger übernehmen die Herrschaft, das Frankenreich erlebt seine Blütezeit unter Karl dem Großen. Erstmalige Erwähnung des *Pagus flandrensis* (Flanderngau).
726	Antwerpen wird erstmals urkundlich erwähnt.
843	Das Reich Karls des Großen wird unter seinen Enkeln in ein westfränkisches (später Frankreich) und ein ostfränkisches Reich (ab 925 das Heilige Römische Reich Deutscher Nation) aufgeteilt. Die Grenze verläuft entlang der Flüsse Maas und Schelde durch Flandern.
851	Brügge wird erstmals urkundlich erwähnt.
879–918	Tod des ersten Grafen von Flandern Balduins I. Unter Balduin II. entsteht das heutige Flandern als politische Einheit.
9. Jh.	Gent wird zum bedeutenden Handelszentrum.
11. Jh.	Das Tuchgewerbe etabliert sich in Flandern.
1120–27	Unterstützt von den drei Städten, die auf englische Wollimporte angewiesen sind, schließt der flandrische Graf Karl der Gute Frieden mit England. 1127 wird er in Brügge in der St.-Donatus-Kirche ermordet. Gegen den Willen Frankreichs wird Dietrich von Elsass Graf von Flandern. Brügge bekommt die ersten Stadtrechte und einen Stadtwall. Der Kreuzritter bringt die Reliquie mit dem Blut Christi aus Jerusalem nach Brügge.
1134	Entstehung des Zwin, der Damme mit dem Meer verbindet und Brügge zu einer bedeutenden Handelsstadt macht.
1270	Gräfin Margarete von Flandern führt einen Handelskrieg gegen England, der sich negativ auf die wirtschaftliche Entwicklung der Städte auswirkt.

1291 Antwerpen erhält die Stadtrechte.

1297 Philipp der Schöne, Herrscher Frankreichs, besetzt Flandern.

1302 In der »Goldsporenschlacht« von Kortrijk lehnt sich Flandern gegen die französische Vorherrschaft auf. Brügge wird während der »Brügger Mette« von Aufständischen befreit.

1339–1453 »Hundertjähriger Krieg« zwischen England und Frankreich. Flanderns Städte halten wegen ihrer Abhängigkeit von der englischen Wolle zu England. In Gent führt der Tuchhändler und Brauer Jacob van Artevelde den Wiederstand an, wird aber 1345 von seinen Mitbürgern ermordet.

1420 Der reiche Genter Patrizier Jodocus Vijd gibt den Genter Altar bei den Gebrüdern van Eyck in Auftrag.

1384–1453 Ludwig van Male, der letzte Graf von Flandern, stirbt, seine Tochter Margarethe, Ehefrau Philipp des Kühnen übernimmt die Nachfolge und die Herrschaft des Hauses Burgund über Flandern. In Brügge beginnt das Zeitalter der Schönen Künste und Luxusprodukte. 1430 fällt auch Antwerpen an Burgund. 1436 malt Jan van Eyck die »Madonna des Kanonikus Joris van der Paele«. Philipp der Gute gerät in Konflikt mit den Gentern, die ihre Stadtrechte beschnitten sehen und schlägt ihren Widerstand in der Schlacht bei Gavere 1453 blutig nieder. Mehrere Aufstände der Städte gegen die Burgunder.

1479 Mit Maximilian von Österreich beginnt die Herrschaft der Habsburger in Flandern.

1482 Maria von Burgund, die Tochter Karls des Kühnen, stirbt in Brügge nach einem Sturz vom Pferd.

1488 Maximilian von Österreich wird einige Wochen im Haus Craenenburg am Marktplatz von Brügge gefangen gehalten.

1500 Karl V. wird in Gent geboren. und 1519 Kaiser.

1529–58 Inquisition im Kampf gegen den Protestantismus unter Karl V. Maria von Ungarn, ist

Margarete III. von Flandern (oben), Herzogin von Burgund und Ehefrau Philipps des Kühnen (Mitte) und Karl V.

Erzherzog Albrecht und Isabella, Statthalter in Flandern und Förderer von Peter Paul Rubens und Anthonis van Dyck, beim Besuch eines Kunstkabinetts (1621/23, Gemälde von H. Francken und Jan Brueghel d. Ä.)

	ab 1530 Statthalterin von Flandern und unter ihrer Herrschaft entfalten sich die Künste.
1540	Nach einem Aufstand in Gent gegen Karl V., der die Privilegien der Städte einschränkte, werden 17 Anführer geköpft. Als Symbol der Erniedrigung lässt der Kaiser die Rolandglocke aus dem Genter Belfried entfernen, und am 3. Mai 1540 müssen Hunderte Genter mit einem Strang um den Hals, barfuß und nur mit einem Hemd bekleidet vom Rathaus zum Prinzenhof laufen und den Kaiser um Verzeihung bitten.
1556	Die Reformation setzt sich durch, und die flämischen Kunststädte gehören neben den italienischen zu den wichtigsten Europas. Philipp II., Nachfolger Karl V. und Herrscher über Spanien, lässt die Protestanten verfolgen.
1559	Wilhelm I. von Oranien und die Grafen von Egmond und Hoorn, die 1568 in Brüssel enthauptet werden, gehören zu den Anführern des Widerstands gegen die spanische Herrschaft.
1568–1648	Im Achtzigjährigen Krieg befreien sich die südlichen Niederlande von Spanien, die flämischen Kunststädte erleiden einen wirtschaftlichen Niedergang. 1585 erobert der spanische Statthalter Alessandro Farnese Antwerpen. 1648 nach dem Westfälischen Frieden darf die Schelde nicht mehr als Schifffahrtsweg genutzt werden. Auch Gent verliert seine Verbindung zum Meer.
1598–1633	Erzherzog Albrecht und Isabella sind Statthalter in Flandern und fördern in Antwerpen Rubens und van Dyck.
1610	Rubens lässt sich in Antwerpen an der Wapper nieder und wird Hofmaler von Erzherzog Albrecht und Isabella.

1695 Ludwig der XIV. versucht, die südlichen Niederlande in seine Gewalt zu bekommen, die Kanonen französischer Truppen zerstören die Grand Place in Brüssel.

Antwerpen vor dem Fall 1914/15

1713 Der Friede von Utrecht beendet den Spanischen Erbfolgekrieg und die österreichischen Habsburger regieren in Flandern. Sie führen mehrere Kriege mit Frankreich.

1794 Die Franzosen besetzen Flandern. In Gent beginnt die Industrialisierung, es entstehen erste Arbeiterbewegungen.

1811/12 Napoleon lässt sich in Antwerpen den Paleis op de Meir im Empirestil einrichten, wohnte aber niemals dort.

1815 Napoleon verliert die Schlacht bei Waterloo, nach dem Wiener Kongress wird Flandern Teil des »Königreichs der Vereinten Niederlande«, regiert von Wilhelm I. von Oranien. Flandern ist nach wie vor wirtschaftlich geschwächt.

1816 Gründung der Universität von Gent.

1826 Der Kanal Gent-Terneuzen macht Gent wieder zum Seehafen.

1831 Die Brüsseler Revolution gegen die Herrschaft der Niederlande führt zur Gründung des belgischen Staates am 20. Januar 1931. Leopold I. von Sachsen-Coburg-Gotha wird der erste König.

1863 Antwerpen wird wieder zur Hafenstadt, das Schifffahrtsverbot auf der Schelde wird definitiv aufgehoben.

1840–98 Die Flämische Bewegung versucht, die französische Sprache zu verdrängen, aber 1898 werden Niederländisch und Französisch offiziell gleichgestellt.

1896 Bau des Seehafens in Zeebrügge.

1902 Erste Ausstellung der »Flämischen Primitiven« in Brügge.

1913 Weltausstellung in Gent.

Napoleons nie bewohntes Domizil in Antwerpen: das Paleis op de Meir

1914–18	Erster Weltkrieg. Antwerpen wird 1914 von belagernden deutschen Truppen bombardiert und die Festung eingenommen. An der Ijser wird der Vormarsch der deutschen Truppen gestoppt. In der Schlacht bei Ypern fallen Zehntausende Soldaten.
1919	Einführung des allgemeinen Wahlrechts.
1920	Antwerpen ist Austragungsort der olympischen Sommerspiele.
1932	Niederländisch wird in Flandern Unterrichts- und Amtssprache.
1939–45	Zweiter Weltkrieg. Deutsche Truppen besetzen Belgien. Im April 1943 verlieren über 2000 Menschen ihr Leben durch alliierte Luftangriffe. Antwerpens Hafenanlagen dient den Alliierten als Nachschubbasis und ist auch Ziel der Ardennenoffensive, mit der die deutsche Wehrmacht vergeblich versucht, die Befreiung durch die Alliierten zu stoppen. Trotz Zerstörungen blieben die historischen Städte weitgehend erhalten.
1949	Belgien wird Mitglied der NATO.
1957	Belgien ist Gründungsmitglied der Europäischen Wirtschaftsgemeinschaft EWG.
1970–88	Im Rahmen von Reformen werden Flandern, die Wallonie und das zweisprachige Brüssel zu eigenständigen Regionen im Staat Belgien.
1993	Antwerpen ist Kulturhauptstadt Europas.
2000	Brügges Altstadt wird zum Weltkulturerbe und Schauplatz der europäischen Fußballmeisterschaft 2000.
2002	Brügge ist Kulturhauptstadt Europas und bekommt ein modernes Concertgebouw.
2008	Der Film »Brügge sehen… und sterben?« kommt in die Kinos.
2009	Die UNESCO erhebt Gent gemeinsam mit Bologna, Sevilla und Glasgow zur kreativen Stadt der Musik.
2010	Die Heiligblutprozession in Brügge wird zum »immateriellen Kulturerbe«.
2011	Eröffnung des MAS (Museum aan de Stroom) in Antwerpens Hafenviertel.
2012	TRACK, eine aufsehenerregende Ausstellung für zeitgenössische Kunst (12. Mai–16. Sept.) von 30 internationalen Künstlern an vielen Orten und Plätzen in Gent. ■

Innovativ: das MAS (Museum aan de Stroom) in Antwerpens Hafenviertel

Service von A–Z

Anreise

Mit dem Flugzeug
Die meisten Besucher der flämischen Kunststädte landen in Brüssel-Zaventem nordöstlich von Brüssel (✆ 02-753 42 21, www.brusselsairport.be) Vom Flughafen fahren regelmäßig Züge nach Antwerpen, Brügge und Gent. Der Flughafen Antwerpen (www.antwerp-airport.be) steht auf dem Winterflugplan der österreichischen Airline Welcome Air, die von Innsbruck und Graz aus fliegt.

Mit der Bahn
Mit der Bahn fährt man am schnellsten und bequemsten nach Brüssel und dann weiter mit den belgischen Bahnen in die flämischen Kunststädte. Der reservie-

Gent von seiner malerischen Seite: Jedes Haus an der Graslei verfügt über seine eigene Geschichte

Antwerpen, Brügge und Gent in Zahlen und Fakten

Antwerpen
Alter: Gallo-römische Siedlung im 2./3. Jh., erhielt 1291 Stadtrechte.
Fläche: Großraum 204,51 km^2, Provinz Antwerpen
Lage: Antwerpen liegt an der Schelde, die über die Westerschelde in die Nordsee mündet. Richtung Norden dehnt sich das Stadtgebiet bis zu den Niederlanden aus.
Einwohner: rund 484 000 Einw., darunter ca. 19 000 Juden.

Brügge
Alter: Gallo-römische Siedlung im 2./3. Jh. zurück. 1128 erhielt es die Stadtrechte.
Fläche: 138,4 km^2, Provinz Westflandern
Lage: Brügge liegt an den Grachten und Kanälen der Reie und von allen drei Städten am nächsten an der Nordsee. Seit 1134 nach einer Sturmflut hat Brügge über eine Fahrrinne in der Meeresbucht Zwin Zugang zur Nordsee. Seehafen im 4 km entfernten Zeebrügge.
Einwohner: ca. 117 000 Einw., 3,5 Mio. Touristen pro Jahr.

Gent
Alter: Erste menschliche Siedlungen in keltischer Zeit (700 v. Chr.), Gründung der beiden Vorläuferabteien von St.-Bavo und St.-Peter im 7. Jh.
Fläche: Großraum rund 157 km^2, Provinz Ostflandern
Lage: 30 Zugminuten von Brügge und Antwerpen entfernt (jeweils ca. 50 km). Belgiens drittgrößte Stadt liegt am Zusammenfluss von Schelde und Leie.
Einwohner: ca.240 000 Einw., 65 000 Studenten.

rungspflichtige Hochgeschwindigkeitszug Thalys fährt mehrmals täglich von Köln und Aachen zur Brüsseler Gare du Midi und bietet regelmäßig Sondertarife. Mit dem ICE ist man von Frankfurt/Main in ca. 3 $^1/_2$ Std. in Brüssel. Preisaktionen für Frühbucher gibt es im Internet. Es lohnt sich unter **www.deutschebahn.de** und **www.thalys.com** die Ticketpreise für Thalys und ICE zum aktuellen Termin zu vergleichen. Die entsprechende Webseite der Schweizerischen Bundesbahnen ist www.sbb.ch und die der Österreichischen Bundesbahnen www.oebb.at.

Von Brüssel nach Antwerpen dauert es mit dem Zug etwa 1 1/2 Std., nach Brügge eine und nach Gent eine halbe Stunde. Antwerpens **Station Centraal** ➡ E5 liegt in Fußnähe des Zentrums, von der **Station St.-Pieter** ➡ bE1 in Gent aus fährt man am besten mit der Tram 1 bis zum Korenmarkt und von der **Station Brugge** ➡ aF2 kommt man mit Bussen ins Zentrum oder zum Hotel. Infos zu den Fahrplänen und Preisen in Belgien, wo das Zugfahren deutlich billiger ist, als in Deutschland, bekommt man unter **www.b-rail.be** und **www.nmbs.be**.

Mit dem Auto
Wer mit dem Auto anreist, hat die größte Flexibilität. Parken

ist allerdings in allen drei Städten ein Problem und oft nur in öffentlichen Parkhäusern (www.interparking.com) oder auf Hotelparkplätzen möglich. Eine gelbe Linie am Bordsteinrand bedeutet absolutes Parkverbot. Öffentliche Verkehrsmittel (z.B. Trams, Busse) haben immer Vorfahrt.

Geschwindigkeitsbegrenzung in Orten und Städten 30–50 km/h, auf Landstraßen 70–90 km/h und auf Autobahnen 120 km/h. Übertretungen werden mit deftigen Geldstrafen geahndet.

Vorgeschrieben sind Führerschein und Kfz-Schein sowie ein Länderkennzeichen bzw. EU-Schild. Es besteht Gurtpflicht, auch für Kinder unter 12 Jahren, die zudem hinten sitzen müssen. Die Promillegrenze liegt bei 0,5. Über den Straßenzustand im Winter informiert der Touring Club van Belgie (✆ 02-233 22 36), der auch Pannenhilfe leistet, kostenpflichtig allerdings für Nichtmitglieder. Der allgemeine Pannennotruf ist ✆ 078 15-20 00.

Mit dem Bus
Eurolines bietet Direktverbindungen nach Gent und Brügge. Aus Österreich fahren Busse von Wien über Linz nach Belgien, aus der Schweiz aus Genf und Basel. In Deutschland haben rund 20 Städte eine Busanbindung über Eurolines. Dort muss man dann in den Zug umsteigen. Fahrpläne und aktuelle Preise findet man unter **www.eurolines.com** und **www.touring.de**. Reiseveranstalter bieten über das Internet bzw. Reisebüro Pauschalpakete mit Unterkunft an.

Der Brabo-Brunnen vor dem Antwerpener Rathaus

Auskunft

Tourismusbüros:

In Deutschland:
Tourismus Flandern
Cäcilienstr. 46
D-50667 Köln
✆ (02 21)270 97-0
Fax (02 21) 270 97-77
www.flandern.com

In Österreich:
Tourismuswerbung Flandern-Brüssel
Mariahilfer Str. 121 b
A-1060 Wien
✆ (01) 596 06 60
wwww.flandern.at

In Antwerpen:
Antwerpen Tourismus & Kongress
➡ D3
Grote Markt 13
B-2000 Antwerpen
✆ (03) 232 01 03
www.antwerpen.be/visit
Mo–Sa 9–17.45, So/Fei 9–16.45 Uhr
Vermittlung von Hotels, Tickets, Segway-Touren und Führungen und umfassendes Infomaterial. Zusätzlich Info-Schalter im Hauptbahnhof (Erdgeschoss neben der Rolltreppe).

Tourismus der Provinz Antwerpen ➡ G5
Kon. Elisabethlei 16
B-2018 Antwerpen
✆ (03) 240 63 73

www.tpa.be
Info zu Tagesausflügen in die Provinz und Broschüren (nur per Mail oder telefonisch).

In Brügge:
In & Out Toerisme Brugge ➡ aE2
t'Zand, Concertgebouw
B-8000 Brügge
✆ (050) 44 46 46
www.brugge.be/toerisme
Mo–So 10–18 Uhr
Hotelvermittlung und Beratung. Infoschalter auch im Hauptbahnhof (Mo–Fr 10–17 Uhr). Außerhalb der Öffnungszeiten Infoscreen am Gebäude.

In Gent:
Fremdenverkehrsamt ➡ bB2
Oude Vismijn (Alter Fischmarkt)
St.-Veerleplein 5
B-9000 Gent
✆ (09) 266 56 60
www.visitgent.be
15. März–14. Okt. tägl. 9.30–18.30, 15. Okt.–14. März bis 16.30 Uhr

Diplomatische Vertretungen

Deutsche Botschaft
Rue Jacques de Lalaing 8–14
B-1040 Brüssel
✆ (02) 787 18 00
Notfall ✆ (04 75) 57 77 62
Fax (02) 787 28 00
www.bruessel.diplo.de
Mo–Fr 9–12 Uhr, Mi auch 14.30–16 Uhr

Österreichische Botschaft
Place du Champ de Mars 5
B-1050 Brüssel
✆ (02) 289 07 00
Fax (02) 513 66 41
www.aussenministerium.at
Mo–Fr 10–12.30 Uhr

Schweizer Botschaft
Rue de la Loi 26
B-1040 Brüssel
✆ (02) 285 43 50
Fax (02) 230 37 81
www.eda.admin.ch/bruxelles
Mo–Fr 9–12 Uhr

Feiertage, Feste, Veranstaltungen

1. Januar: **Neujahr**
Ostermontag
1. Mai: **Tag der Arbeit**
Christi Himmelfahrt
Pfingstmontag
21. Juli: **belgischer Nationalfeiertag**
15. August: **Maria Himmelfahrt**
1. November: **Allerheiligen**
11. November: **Waffenstillstand 1918**
25./26. Dezember: **Weihnachten**

Feste und Veranstaltungen:

Januar
Lichtfestival Gent – Spektakuläre Beleuchtungen historischer Gebäude im Zentrum und Lichtinstallationen internationaler Künstler und Lichtdesigner mit Musik (kostenlos). Gent erfreut seine Besucher mit Feuer und Flamme (www.lichtfestivalgent.be).
März
Cinema Novo in Brügge – Zehntägiges Filmfestival mit 65 Filmen aus Asien, Afrika und Lateinamerika (www.cinemanovo.be).
April
Marathon in Antwerpen – Zieht zahlreiche Sportler an (www.antwerp10miles.be).
Mai
Heilig-Blut-Prozession in Brügge – An Himmelfahrt (Do. 17. Mai 2012) tragen Gläubige in einer spektakulären Prozession mit Prunkwagen und rund 2000 Laienschauspielern das goldene Reliquiar aus der Heilig-Blut-Basilika durch die Straßen (www.holyblood.com).
Juni
Modenschau der Antwerpener Akademie – Die Kreationen der Studenten der Antwerpener Ar-

tesis Hogeschool (Royal Academy of Fine Arts) ziehen jährlich ca. 6000 Modeinteressierte an (www.antwerp-fashion.de)

Weekend Beerpassie in Antwerpen – Dreitägiges Bierfest mit über 150 belgischen Bieren (www.beerpassion.com).

Antwerp Pride – Vier Tage lang Riesenparty der Gay-Szene (www.antwerppride.com).

Juli

Gent Jazz – Zehn Tage Mainstream und Avantgarde-Jazz mit renommierten Musikern. 2010 kamen B.B. King und Mavis Staples. Im zweiten Teil Jazz Fusion und junge Talente (www.gentjazz.com).

Gentse Feesten – Zehntägiges Kulturfest Mitte Juli. Puppenspieler, Theater, Worldmusic und Konzerte renommierter Musiker auf den Bühnen, auf Plätzen und in der Leie. Ausstellungen, Party und Feuerwerk. Ein absolutes Highlight in Belgiens Festkalender (www.gentsefeesten.be).

Sfinks Festival in Antwerpen – Viertägiges Weltmusikfestival mit internationalen Musikern (www.sfinks.be).

Zomer van Antwerpen – Juli/August. Musik, Open-Air-Kino, Straßentheater etc. (www.zava.be).

August

Historischer Festzug des Goldenen Baums in Brügge – Alle fünf Jahre, das nächste Mal 2012. Spektakulärer Umzug mit Riesenfiguren, Wagen und Laiendarstellern, erinnert an das Turnier zur Hochzeit Karl des Kühnen mit Margarete von York 1468.

Jazz Middelheim in Antwerpen – Viertägiges Jazzfestival im Park den Brandt (www.jazzmiddelheim.be).

Bollekesfeest und Antwerpen Proeft – Zahlreiche Straßenstände im Antwerpener Süden. Bierfans und Gourmets kommen auf ihre Kosten. Probieren: Antwerpens Bierspezialität »De Koninck«, das aus »Bollekes«, halbrunden Gläsern, getrunken wird (www.bollekesfeest.be, www.antwerpenproeft.be).

Klinkers in Brügge – Kultur- und Familienfest mit Konzerten auf Plätzen, in Museen und Kirchen sowie Open-Air-Kino (www.klinkers-brugge.be)

Musica Antigua in Brügge – Klassische Konzerte und Kammermusik renommierter Musiker in Kirchen und Sälen (www.mafestival.be)

Rubensmarkt in Antwerpen – An Maria Himmelfahrt tragen alle Markthändler auf dem Grote Markt Kostüme aus der Zeit Rubens' und bieten barocke Produkte feil.

Patersholfest in Gent – Geselliges Fest im Viertel Patershol (www.patershol.org)

September

OdeGant & Gent-Festival – 2012 feiert das Musikfestival seinen 55. Geburtstag mit jährlich ca.55 000

Trendsetter: Modenschau der Antwerpener Akademie

An Maria Himmelfahrt: Rubensmarkt in Antwerpen

Besuchern. Drei Wochen lang Klassik, Jazz, Tango, Weltmusik, internationaler Pop und Rock mit über 1500 Musikern (www.gentfestival.be).

Vitrine – Zehn Tage Ende September. Internationales Forum für Modedesign, veranstaltet vom Modeinstitut Flanderns FFI (www.ffi.be).

Oktober

Film Festival Gent – 200 Filme aus aller Welt, Tickets unter www.fnac.be. Neben Filmen auch Konzerte im Rahmen der Verleihung des World Soundtrack Awards, dem Pendant des Oscars in der Welt der Filmmusik. Das Festival zieht zahlreiche Filmschaffende und Filmmusikkomponisten an (www.filmfestival.be).

November

Choco-Laté in Brügge – Für Schokoladenliebhaber! Pralinen und Schokolade, aber auch Bodypainting und Kreatives mit Schokolade (www.choco-late.be).

Sechstagerennen von Gent – Im Velodrom Kuipke im Citadelpark. Direktor ist der ehemalige Radprofi Patrick Sercu (www.z6sdaagse.be).

Dezember

Lineart Gent – Internationale Messe für zeitgenössische Kunst (www.lineart.be).

Weihnachtsmärkte und Winterspaß – Weihnachtsmarkt in allen drei Städten, besonders idyllisch in Brügge. Kirmes, Schlittschuhbahnen etc.

Geld, Kreditkarten

Währungseinheit ist der Euro. Restaurants und Geschäfte nehmen die gängigen EC- und Kreditkarten als Zahlungsmittel an. Bei Verlust oder Diebstahl sollte man diese sofort sperren lassen. Die herausgebenden Banken verfügen über eigene Rufnummern zur **Sperrung von ec-, Maestro- und Kreditkarten**, die Sie in der Regel mit Ihrer Kreditkarte ausgehändigt bekommen. Für die Sperrung von Kreditkarten, ec-Karten, Handys oder Ausweisen steht zusätzlich rund um die Uhr ein **Service** unter ✆ (+49) 116 116 oder ✆ (+49) 30 40 50 40 50 zur Verfügung.

Hinweise für Menschen mit Behinderungen

Das Kopfsteinpflaster und die teilweise schlechten Straßenbeläge machen die Fortbewegung nicht gerade einfach. Viele Hotels und Museen sind auf die Bedürfnisse von Rollstuhlfahrern eingestellt. Detaillierte Info zum Aufenthalt

Markt 5, ✆ (050) 33 14 11, Mo–Fr 9–18 und Sa 9–15 Uhr; **Gent**: Lange Kruisstraat 55, Mo–Fr 9–18, Sa bis 15 Uhr. Die Geschäfte schließen zwischen 18 und 19 Uhr. Nachts bekommt man aber in den Night Shops noch Getränke und einige Lebensmittel.

Presse

In Flandern bekommt man die wichtigsten belgischen Zeitungen: »Het Laatste Nieuws«, »De Standaard«, (katholisch-konservativ) und »De Morgen« (links orientiert), »Het Nieuwsblad« und die Regionalzeitung »Gazet van Antwerpen«, die französischsprachigen »Le Soir«, und »La Dernière Heure«. »Flanders Today« ist englischsprachig. An Bahnhöfen und größeren Kiosken gibt es auch die im europäischen Ausland vertriebene internationale Presse.

Sightseeing, Touren

Antwerpen:

Flandria-Hafenrundfahrt
Steenplein
✆ (03) 231 31 00, www.flandria.nu
Start an Kaai 14 an der Londonbrug im Viertel Eilandje (Nähe des MAS). April–Okt. tägl. kurze Rundfahrten (1 ½ Std.) Abfahrt 10.30 Uhr, € 10/8; lange Rundfahrten (2 ½–3 Std.), Abfahrt 14.30 Uhr, € 14/12.

Mit dem »Bellemann« (Stadtausrufer) durch Gent

Historischer Stadtspaziergang
✆ (03) 232 01 03
www.antwerpen.be/visit
Sa/So und Juli/Aug. tägl. 14.30 Uhr
Preise 8 €, Vorverkauf € 6
Geführte Spaziergänge (ca. 2–3 Std.) zu acht Themen von Rubens bis Mode durch das historische Zentrum ab Grote Markt 13 (Tourist-Info).

Gent:

Vizit
Corduwaniersstraat 4a
✆ (09) 233 76 89
Führung (ca. 4 Std.) € 55
Originelle thematische Führungen auf Englisch. Während des kulinarischen Spaziergangs kehrt man in Kneipen und Restaurants ein und unterwegs erzählen sympathische Guides Ernstes und auch Anekdotisches über die Stadt.

Boat in Gent
✆ (04 78) 63 36 30
www.boatingent.be
Mittelalterliches Gent (50 Min.) € 6,50/3,50
Gent Komplett (90 Min.) € 9,75/ 5,50
Die Boote legen alle 20 Min. zur Rundfahrt an der Kraanlei ab. Unbedingt buchen!

De Bootjes van Gent
✆(09) 229 17 16 oder (09) 223 88 53
www.debootjesvangent.be
März–Mitte Nov. 10–18 Uhr, im Sommer länger
Mittelalterliches Gent (50 Min.) € 6,50/3,50
Gent Komplett (90 Min.) € 9,75/5,50
Die Boote legen alle 20 Min. an der Korenlei 4A ab. Unbedingt buchen!

Brügge:

Stadtspaziergang ➡ aE2
Touristeninformation

Eine romantische Kutschfahrt durch Brügge

t'Zand 34, ✆ (050) 44 46 46
www.brugge.be/toerisme
Führungen (2 Std.) April–Juni Sa/So, Juli/Aug. tägl. 14.30 Uhr ab € 9, Kinder unter 12 J. frei
Brügge zu Fuß entdecken: »Das monumentale Brügge« (5 km), »Das ruhige Brügge« (3,7 km), »Brügge und Europa« (4,2 km), »Brügge voller Überraschungen« (4 km).

Bootstour
März–Nov. Tägl. 10–18 Uhr
Rundfahrt (ca. 30 Min.) € 7/4, Kinder unter 4 J. frei
Im Zentrum legen die Boote an fünf Stegen ab zur Bootsfahrt auf den Grachten zu den schönsten Ecken der Stadt.

Brügge per Pferdekutsche
Kutschenfahrt pro Pers. € 36 (max. fünf Pers.)
Abfahrt am Grote Markt (ca: 35 Min.) zu den wichtigsten Sehenswürdigkeiten, kurze Pause (5 Min.) für die Pferde am Beginenhof. Zahlung bar vor Ort.

Telefonieren

In vielen Kiosken und Lebensmittelgeschäften sowie bei der Post kann man Karten für öffentliche Telefone kaufen (€ 5–25). Wer mobil telefonieren möchte, sollte sich von seinem Anbieter einen günstigen Roaming-Tarif geben lassen oder sich eine belgische Chip-Karte kaufen.

Die Städtevorwahl muss immer mitgewählt werden.

Vorwahl
Antwerpen ✆ 03
Gent ✆ 09
Brügge ✆ 05

Telefonvorwahl
(Die Null der Ortsvorwahl entfällt)
Belgien ✆ +32
Deutschland ✆ +49
Österreich ✆ +43
Schweiz ✆ +41

Verkehrsmittel

In Antwerpen gibt es Trams und eine Prémetro (Linien 2, 3, 6 und 15). Eine Fahrt kostet am Automaten oder beim Fahrer € 1,20/2, eine Tageskarte € 5/6,50, eine Zehnerkarte € 8/10. In Brügge nehmen die meisten Besucher nur einen Bus vom Bahnhof ins Zentrum, das sich gut zu Fuß erkunden lässt. In Gent fährt man am besten mit der Tram 1 vom Bahnhof ins Zentrum. Mehr Infos unter www.delijn.be. ■

Sprachführer

Alltag, Umgangsformen

Für den Alltag sind sie unerlässlich, die kleinen Floskeln und Redewendungen. Sie werden sehen: Höflichkeit öffnet Türen. Wenn Sie den Begrüßungs- und Dankformeln auch noch die entsprechende Anrede von *meneer* bzw. *mevrouw* hinzufügen, beherrschen Sie bereits einen beträchtlichen Teil der holländischen Gepflogenheiten.
Vorab die wichtigsten Besonderheiten bei der Aussprache:
Das *ei* wird wie *äi* ausgesprochen, das *eu* wie *ö*. *Ij* spricht sich wie *ei*, *oe* wie *u*. *Ou* und *au* klingen wie das deutsche Wort »Au«. Das *sch* wird getrennt als *s+ch* ausgesprochen. Ein *u* spricht man wie ein *ü* aus, ein *ui* jedoch wie ein *öi*. Das *g* und *ch* werden betont wie in »Rachen«.

Guten Tag!	*Goedendag!*
Guten Abend!	*Goedenavond!*
Gute Nacht!	*Goedenach!*
Hallo!	*Hallo!*
Wie geht es dir?	*Hoe gaat het met je?*
Wie geht es Ihnen?	*Hoe gaat het met u?*
Auf Wiedersehen!	*Tot ziens!*
Gute Reise!	*Goede reis!*
Tschüss!	*Dag!*
Bis bald!	*Tot binnenkort!*
Bis morgen!	*Tot morgen!*
Schön, dich kennengelernt zu haben.	*Ik vond het aangenaam kennismaken.*
ja/nein/vielleicht	*ja/neen/misschien*
Ich heiße ...	*Ik heet...*
Wie heißt du?	*Hoe heet jij?*
Wie heißen Sie?	*Hoe heet u?*
Entschuldigen Sie!	*Excuseer!*
Entschuldigung!	*Pardon/sorry!*
Vielen Dank!	*Bedankt!*
Bitte schön/Keine Ursache!	*Alstublieft/Graag gedaan!*

Falls Sie nicht alles verstehen (zugegeben: manche Holländer sprechen ganz schön schnell), können Sie sagen: *Ik begrijp u niet. Kunt u wat langzamer praten, alstublieft?* Keine Panik, wenn Sie befürchten, zwar eine Frage stellen zu können, die Antwort aber nicht zu verstehen – viele holländische Begriffe werden Sie in ähnlicher Form auch in der deutschen Sprache wiederfinden. Zudem sprechen oder verstehen sehr viele Holländer englisch sowie auch deutsch.

Autofahren

Sollten Sie mit dem Auto unterwegs sein, können Sie die folgenden Vokabeln sicher gut gebrauchen, an jeder Tankstelle und im alltäglichen Straßenverkehr. Und falls Sie mal eine Werkstatt nötig haben …

Was auf Straßenschildern steht

werk in uitvoering, bouwplaats	Bauarbeiten
omleiding	Umleitung
tol	Autobahngebühr
doodlopende straat	Sackgasse
straat met eenrichtingsverkeer	Einbahnstraße
verboden te parkeren	Parkverbot
blauwe zone	Parken mit Parkscheibe
opgelet uitrit!	Vorsicht Ausfahrt!
bocht	Kurve

Rund ums Auto

Mein Auto ist aufgebrochen worden.	*Mijn auto is opengebroken.*
Man hat mir … gestohlen	*Mijn ... is gestolen.*
Geben Sie mir bitte Ihren Namen und Ihre Anschrift/Ihre Versicherung an.	*Mag ik alstublieft uw naam en uw adres/uw verzekeringspolis?*
Ich brauche eine Kopie der An-	*Ik heb een kopie van de aangifte*

zeige für meine Versicherung.	*nodig voor mijn verzekering.*
Es ist nicht meine Schuld.	*Het ist buiten mijn Schuld.*
Sie sind zu schnell gefahren.	*U reed te snel.*
Führerschein	*rijbewijs*
Ihre Papiere, bitte!	*Uw papieren alstublieft!*
Sie haben die Vorfahrt nicht beachtet.	*U hebt geen voorrang verleend.*
Sie sind zu dicht aufgefahren.	*U hebt onvoldoende afstand gehouden.*
Ich bin ... km/h gefahren.	*Ik reed ... kilometer per uur.*
Autobahn	*autosnelweg*
Kreuzung	*kruispunt*
Ampel	*verkeerslichten*
Parkplatz	*parkeerplaats*
Parkuhr	*parkeermeter*
Parkscheinautomat	*parkeerautomaat*
Kann ich hier parken?	*Mag ik hier parkeren?*
Sicherheitsgurt	*veiligheidsgordel*
Tankstelle	*benzinestation*
Benzin	*benzine*
bleifrei	*loodvrij*
Diesel	*diesel*
fahren	*rijden*
überholen	*inhalen*
wenden	*draaien*
rechts/links/geradeaus	*rechtsaf/linksaf/rechtdoor*
überqueren	*oversteken*
Bußgeld	*boete*
Stadtplan	*stadsplan*
Sicherheit	*veiligheid*
Stau	*file*

In der Werkstatt	**In de garage**
Ich habe einen Unfall gehabt.	*Ik heb een ongeval gehad.*
Ich habe eine Panne.	*Mijn auto is defect.*
Ich habe einen Platten.	*Ik heb een lekke band.*
Mein Wagen springt nicht an.	*Mijn auto start niet.*
Die Batterie ist leer.	*De accu is leeg.*
Die Bremsen funktionieren nicht.	*De remmen werken niet meer.*
Werkstatt	*garage*
Motoröl	*motorolie*
Ölwechsel	*olieverversen*
Motor	*motor*
Getriebe	*versnellingsbak*
Zündkerze	*bougie*
Kotflügel	*spatbord*
Vergaser	*carburator*
Blinker	*richtingaanwijzer*
Reifen	*band*
Anlasser	*startmotor*
Scheibenwischer	*ruitenwisser*
Windschutzscheibe	*voorruit*
Scheinwerfer	*koplamp*
Kühler	*radiator*

Einkaufen

Wieviel kostet das?	*Hoeveel kost dit?*
Geld	*geld*
Kasse	*kassa*
ausgeben	*uitgeven*
bezahlen	*betalen*
Sonderangebot	*koopje*
verkaufen	*verkopen*
Schaufenster	*etalage*
Etwas weniger, bitte.	*Iets minder alstublieft.*
Etwas mehr, bitte.	*Iets meer alstublieft.*
kleiner/größer	*kleiner/groter*
Wo bekomme ich?	*Waar kan ik kopen?*
Ich hätte gerne …	*Ik had graag …*
Geben Sie mir bitte eine Packung …	*Een pakje ... alstublieft.*
Zeigen Sie mir bitte …	*Toon mij ... alstublieft*
Kann ich das anprobieren?	*Mag ik dat even passen?*
Nehmen Sie Kreditkarten?	*Aanvaardt u kredietkaarten?*
zu teuer	*te duur*
Haben Sie das auch in Größe …?	*Hebt u dat ook in maat …?*
Welche Größe haben Sie?	*Welke maat hebt u?*
Das ist zu groß/klein.	*Dat is te groot/klein.*
Ausverkauf	*uitverkoop*

Hemd	*hemd*
Hose	*broek*
Mantel	*mantel*
Rock	*rok*
Kleid	*jurk*
Strumpfhose	*panty*
Strümpfe	*kousen*
Blazer	*blazer*
Jacke	*jas*
Halstuch	*sjaal*

Farben	***Kleuren***
dunkel	*donker*
hell	*licht*
blau	*blauw*
braun	*bruin*
gelb	*geel*
rot	*rood*
grün	*groen*
schwarz	*zwart*
weiß	*wit*
grau	*grijs*

Essen und Trinken

Wo bekommt man's	
Bäckerei	*bakkerij*
Konditorei	*banketbakkerij*
Fleischerei	*slagerij*
Geschäft	*winkel*
Markt	*markt*
Supermarkt	*warenhuis*

Beim Bäcker	***Bij de bakker***
Brot	*brood*
Graubrot	*grof brood*
Schwarzbrot	*roggebrood*
Weißbrot	*wit brood*
Gebäck	*gebak*
Torte	*taart*

Im Restaurant	**In het restaurant**
Kennen Sie hier in der Nähe ein gutes Restaurant?	*Kent u een goed restaurant hier in de buurt?*
Einen Tisch für … Personen, bitte.	*Een tafel voor… personen alstublieft.*
Reservieren Sie uns bitte für heute Abend einen Tisch für 4 Personen.	*Wilt u voor vanavond een tafel voor 4 personen reserveren alstublieft?*
Ist dieser Tisch noch frei?	*Is deze tafel nog vrij?*
Könnte ich bitte die Speisekarte bekommen?	*Mag ik de kaart alstublieft?*
Wo sind bitte die Toiletten?	*Waar is het toilet alstublieft?*
Getränkekarte	*drankenkaart*
Weinkarte	*wijnkaart*
Was können Sie mir empfehlen?	*Wat kunt u aanbevelen?*
Haben Sie vegetarische Gerichte?	*Hebt u vegetarische gerechten?*
Ich nehme…	*Ik neem …*
Als Vorspeise/ Hauptgericht/ Nachtisch nehme ich …	*Als voorgerecht/ hoofdgerecht/ dessert neem ik …*
Bitte ein Glas …	*Een glas … alstublieft.*
Guten Appetit!	*Smakelijk (eten)!*
Zum Wohl!	*Proost!*
Ich möchte eine Tasse Kaffee.	*Ik had graag een kopje koffie.*
Bringen Sie uns bitte …	*Brengt u ons alstublieft …*
Die Rechnung, bitte.	*De rekening alstublieft.*
Wir möchten getrennt bezahlen.	*We willen apart betalen.*
Alles zusammen, bitte.	*Alles tezamen alstublieft.*
Ich möchte bitte eine Quittung.	*Ik had graag een kwitantie.*
Hat es Ihnen geschmeckt?	*Heeft het gesmaakt?*
Es war sehr gut, danke.	*Het was heel lekker. Dank u.*
essen	*eten*
trinken	*drinken*
Mineralwasser ohne Kohlensäure	*niet bruisend mineraalwater*
Mineralwasser mit Kohlensäure	*spuitwater*
Bier	*bier*
Glas	*glas*
Flasche	*fles*

Vis	**Fisch**
zeevruchten	Meeresfrüchte
mosselen	Miesmuscheln
garnalen	Garnelen
krab	Krabbe

inktvis	Tintenfische
karper	Karpfen
zeetong	Seezunge
zalm	Lachs
tonijn	Thunfisch
forel	Forelle

Vlees	**Fleisch**
kip	Huhn
haan	Hähnchen
eend	Ente
kleine schnitzel	kleine Schnitzel
kalfsschnitzel	Kalbsschnitzel
kalkoen	Truthahn
fazant	Fasan
organen en ingewanden	Innereien
vleesballetjes	Fleischklößchen
steak	Steak
rumpsteak	Rumpsteak
lever	Leber
kalfsvlees	Kalbfleisch
lamsvlees	Lammfleisch

Deegwaren	**Pasta**
met boter	mit Butter
met tomatensaus	mit Tomatensoße
met vleesjus	mit Fleischsoße
met tomatensaus en chili	mit Tomatensoße und Chili
met ei en spek	mit Ei und Bauchspeck
met room	mit Sahne
met basilicum	mit Basilikum
met pijnboompitten	mit Pinienkernen
met kaas	mit Käse
met schelpdieren	mit Venusmuscheln

Groente	**Gemüse**
wortels	Karotten
bonen	Bohnen
erwten	Erbsen
aardappelen	Kartoffeln
sla	Salat
tomaten	Tomate
augurk	Gurke
courgette	Zucchini
bloemkool	Blumenkohl
ui	Zwiebel

Fruit	**Obst**
appel	Apfel
peer	Birne
aardbeien	Erdbeeren
frambozen	Himbeeren
kersen	Kirschen
meloen	Melone
perzik	Pfirsich
banaan	Banane
pruimen	Pflaumen
citroen	Zitrone
sinaasappel	Apfelsine
druiven	Weintrauben

Bereidingswijzen	**Zubereitungsarten**
gestoomd	gedämpft
gebraden	gebraten
gebakken	gebacken
gefrituurd	frittiert
in folie gebakken	in der Folie gebacken
gegrild	gegrillt
gegratineerd	überbacken

Overige	**Was es sonst noch gibt**
melk	Milch
room	Sahne
kaas	Käse
yoghurt	Joghurt
eieren	Eier
boter	Butter
kruiden	Gewürze
knoflook	Knoblauch
zout	Salz
peper	Pfeffer
suiker	Zucker
azijn	Essig
olie	Öl
honing	Honig
ijs	Eis

Kosmetik/Presse/Öffentliche Verkehrsmittel

Was Sie zur Körperpflege brauchen

Zahnbürste	*tandenborstel*
Zahnpasta	*tandpasta*
Taschentücher	*zakdoeken*
Kamm	*kam*
Haarbürste	*haarborstel*
Seife	*zeep*
Haartrockner	*haardroger*
Handtuch	*handdoek*
Shampoo	*shampoo*
Duschbad	*douchefris*

Im Zeitschriftenladen	***In de krantenwinkel***
Zeitung	*krant*
Zeitschrift	*tijdschrift*
Ich hätte gerne eine deutsche Zeitung.	*Ik had graag een Duitse krant.*
Briefmarke	*postzegel*
Briefumschlag	*briefomslag*

Öffentliche Verkehrsmittel	***Openbaar vervoer***
Zug	*trein*
Bahnhof	*station*
Bus	*bus*
Flugzeug	*vliegtuig*
Flughafen	*luchthaven*
Schiff	*schip*
Hafen	*haven*
Fähre	*veer*

Medizinische Versorgung / Medische verzorging

Arzt	*arts*
Zahnarzt	*tandarts*
Ich habe Halsschmerzen.	*Ik heb pijn in mijn hals.*
Ich fühle mich nicht wohl.	*Ik voel mij niet goed.*
Mein Mann/meine Frau ist krank.	*Mijn man/vrouw is ziek.*
Ich habe mir den Magen verdorben.	*Ik heb last van mijn maag.*
Ich bin stark erkältet.	*Ik heb een flinke verkoudheid te pakken.*
Ich bin im…Monat schwanger.	*Ik ben…maand zwanger.*
Ich habe einen hohen/niedrigen Blutdruck.	*Ik heb een hoge/lage bloeddruk.*
Hier habe ich Schmerzen.	*Hier doet het pijn.*
Ich habe mich verletzt.	*Ik ben gewond.*
Arm	*arm*
Herz	*hart*
Zahn	*tand*
Knie	*knie*
Bein	*been*
Hand	*hand*
Auge	*oog*
Ohr	*oor*
Haut	*huid*
Fuß	*voet*
Kopf	*hoofd*
Durchfall	*diarree*
Erbrechen	*braken*
Husten	*hoest*
Erkältung	*verkoudheid*
Kopfschmerzen	*hoofdpijn*
Kreislaufstörungen	*circulatiestoornissen*
Hexenschuss	*spit (in de rug)*
Sonnenbrand	*zonnebrand*
Schwindel	*duizeligheid*
Salbe	*zalf*
Tablette	*pil*
Schlaftabletten	*slaapmiddelen*
Tropfen	*druppels*
Schmerzmittel	*pijnstiller*
Verbandszeug	*verbandmateriaal*

Wo? Wie? Was? – Orientierung

Entschuldigung, wo ist …?	*Excuseer, waar is…?*
Wie komme ich nach …?	*Hoe kom ik in/bij…?*
Wie komme ich am schnellsten zum Bahnhof?	*Kent u de snelste weg naar het station?*
Geradeaus.	*Rechtdoor.*
Nach rechts.	*Rechtsaf.*
Nach links.	*Linksaf.*

Sehenswürdigkeiten	
brug	Brücke
burcht	Burg
kasteel	Schloss
fontein	Brunnen
monument	Denkmal
rivier	Fluss
kerk	Kirche
museum	Museum
stadhuis	Rathaus
ruïne	Ruine

Unterkunft / Logies

Ich suche eine Unterkunft.	*Ik zoek onderdak.*
Wieviel kostet es?	*Hoeveel kost het?*

Können Sie für mich dort reservieren?	*Kunt u voor mij daar reserveren?*
Ist es weit von hier?	*Is het ver hiervandaan?*
Haben Sie ein Doppelzimmer/Einzelzimmer frei?	*Hebt u een nog tweepersoonskamer/eenpersoonskamer vrij?*
Können Sie ein Kinderbett aufstellen?	*Is er een kinderbedje beschikbaar?*
Waschbecken	*lavabo*
mit Dusche und WC	*met douche en WC*
Wir reisen morgen ab.	*Wij vertrekken morgen.*
Machen Sie bitte die Rechnung fertig.	*Maakt u alsublieft de rekening klaar.*
Können Sie mir bitte ein Taxi rufen?	*Kunt u een taxi bellen alstublieft?*
Campingplatz	*kampeerplaats*
Zelt	*tent*

Weer / Wetter

Wie wird das Wetter morgen?	*Wat voor weer wordt het morgen?*
Es ist/wird warm.	*Het is/wordt warm.*
heiß	*heet*
kalt	*koud*
kühl	*koel*
Es ist schwül.	*Het is zwoel.*
Es ist stürmisch.	*Het is stormachtig.*
Wie viel Grad haben wir?	*Hoeveel graden is het?*
Gewitter	*onweer*
Hitze	*hitte*
Regen	*regen*
Sonne	*zon*
Wind	*wind*
Wolke	*wolk*

Getallen / Zahlen

eins, zwei	*een, twee*
drei, vier	*drie, vier*
fünf, sechs	*vijf, zes*
sieben, acht	*zeven, acht*
neun, zehn	*negen, tien*
elf, zwölf	*elf, twaalf*
dreizehn	*dertien*
vierzehn	*veertien*
fünfzehn	*vijftien*
sechzehn	*zestien*
siebzehn	*zeventien*
achtzehn	*achttien*
neunzehn	*negentien*
zwanzig	*twintig*
dreißig	*dertig*
vierzig	*veertig*
fünfzig	*vijftig*
sechzig	*zestig*
siebzig	*zeventig*
achtzig	*tachtig*
neunzig	*negentig*
hundert	*honderd*
tausend	*duizend*

Zeitangaben/Kalender / Tijdaanduiding/Kalender

Wie spät ist es?	*Hoe laat is het?*
heute	*vandaag*
gestern	*gisteren*
vorgestern	*eergisteren*
morgen	*morgen*
übermorgen	*overmorgen*
vormittags	*'s morgens*
nachmittags	*'s middags*
abends	*'s avonds*
Tag	*dag*
Woche	*week*
Monat	*maand*
Jahr	*jaar*
Montag	*maandag*
Dienstag	*dinsdag*
Mittwoch	*woensdag*
Donnerstag	*donderdag*
Freitag	*vrijdag*
Samstag	*zaterdag*
Sonntag	*zondag*
Januar	*januari*
Februar	*februari*
März	*maart*
April, Mai	*april, mei*
Juni, Juli	*juni, juli*
August	*augustus*
September	*september*
Oktober	*oktober*
November	*november*
Dezember	*december* ■

Die **fetten** Seitenzahlen verweisen auf ausführliche Erwähnungen, *kursiv* gesetzte Begriffe bzw. Seitenzahlen beziehen sich auf den Service.

Bildnachweis

Klaus Acker, Köln: S. 79 o.
Thomas Cernak, Mosbach: S. 62, 87
Fotolia/Laguna35: S. 80; Oscar: S. 2 o. l., 6 u. r.; Brad Pict: S. 49
iStockphoto/Arpad Benedek: S. 20; Hendrik De Bruyne: S. 72 o.; Andrew Chambers: S. 34; Digitalimagination: S. 2 o. r., 78; Ulrich Knaupe: S. 6 o. r.; Sealine: S. 47; Stan Rippel: S. 26; Studio-Annika: S. 41
Guido Schiefer, Köln: Schmutztitel (S. 1), S. 4/5
Petra Sparrer, Köln: S. 2 o. Mitte, 9, 11, 15, 16 u., 45
Toerisme Vlaanderen/Monney: S. 60
Tourismus Flandern-Brüssel: S. 21, 63, 65; Antwerpen Tourismus & Kongress: S. 18, 19, 69, 76 u.; A. Conway: S. 85; De Brie: S. 55; De Kievith: S. 23 u., 44, 71; DVT Brugge: S. 3 o. l., 28; DVT Gent: S. 39; Himmer: S. 16 o.; Joost Joossen: S. 40, 51; Dieter Knaut: S. 48, 66; A. Kouprianov: S. 83; F. Pagani: S. 3 o. r., 33; C. Potigny: S. 3 o. Mitte, 27; Jens Rufenach: S. 23 o., 35, 64, 6 79 u.; Rys: S. 10 o.; Toerisme Antwerpen: S. 10 u., 54, 84; Toerisme Brugge S. 79 Mitte; Weichselbaum: S. 53, 82, 86; Bastian Werner: S. 57
Vista Point Verlag (Archiv), Köln: S. 6 l., 7, 12, 17, 25, 29, 30, 31, 36, 37, 42, 43, 72 u., 73, 74 o., 74 Mitte, 74 u., 75, 76 o., 77 o.
Wikipedia/Alf van Beem: S. 68; Maurice van Bruggen: S. 77 u.; Evilnickname: S. 58; Klaus: S. 13; Napoleon Vier: S. 24

Schmutztitel (S. 1): Gewagte Schokoladenkreationen von »The Chocolate Line« in Brügge
Seite 2/3 (v. l. n. r.): Begijnhof in Brügge, Rubenshuis Antwerpen, Graslei in Gent, Spitzenklöpplerin in Brügge, Bockwindmühle bei Brügge, Genter Vrijdagmarkt
Seite 6/7: »Kreuzabnahme« (1612–14) von Peter Paul Rubens in der Onze-Lieve-Vrouwekathedraal in Antwerpen (S. 6 l.), Rozenhoedkaai in Brügge (S. 6 o. r.), Begijnhof in Brügge (S. 6 u. r.), »Musizierender Engel« – Ausschnitt des Genter Altars (S. 7)

Verlegerische Leitung: Andreas Schulz
Reihenkonzeption: Vista Point-Team
Bildredaktion: Andrea Herfurth-Schindler
Textredaktion: Kristina Linke
Lektorat: Christiane Mahlberg
Layout und Herstellung: Kerstin Hülsebusch-Pfau
Reproduktionen: Henning Rohm, Köln
Kartographie: Kartographie Huber, München
Druckerei: Colorprint Offset, Chai Wan, Hong Kong
Gedruckt auf chlorfrei gebleichtem Papier

ISBN 978-3-86871-585-9

An unsere Leser!
Die Informationen dieses Buches wurden gewissenhaft recherchiert und von der Verlagsredaktion sorgfältig überprüft. Nichtsdestoweniger sind inhaltliche Fehler nicht immer zu vermeiden. Für Ihre Korrekturen und Ergänzungsvorschläge sind wir daher dankbar.

VISTA POINT VERLAG
Händelstr. 25–29 · 50674 Köln · Postfach 270572 · 50511 Köln
Telefon: 02 21/92 16 13-0 · Fax: 02 21/92 16 13-14
www.vistapoint.de · info@vistapoint.de